Axel Koch
Stefan Kühn

Ausgepowert?

Axel Koch
Stefan Kühn

Ausgepowert?

Hilfen bei Burnout, Stress, innerer Kündigung

Mit einem Vorwort von
Prof. Dr. Siegfried Greif

Die Deutsche Bibliothek – CIP-Einheitsaufnahme

Ein Titeldatensatz für diese Publikation ist bei Der Deutschen Bibliothek erhältlich

Lektorat: Dr. Rainer Lorenz, Kassel
Illustrationen: Werner Tiki Küstenmacher, Gröbenzell
Umschlaggestaltung und Titelfoto: +malsy Kommunikation und Gestaltung, Bremen
Satz und Layout: image team, Bremen
Druck: rgg Druck- und Verlagshaus, Braunschweig

2. Auflage 2001

© 2000 GABAL Verlag GmbH, Offenbach

Verlagsinformationen:
Jünger Verlags Gruppe, Schumannstr. 161, 63069 Offenbach
Tel.: 0 69 / 84 00 03-13 (-0) Fax: 0 69 / 84 00 03-33
E-Mail: verlag@juenger.de

Inhaltsverzeichnis

Vorwort von Prof. Dr. Siegfried Greif 7

Einführung 9

Burnout – Was ist das? 10
Persönliche Anzeichen für Burnout 11
Phasen des Burnoutprozesses 15

Burnout-Ursachen 19
Verleugnung und Verdrängung von Stress- und
Überdrusssignalen 19

    Merkmale: Der Energie-Akku ist leer 19

    Maßnahmen: Signale des Körpers beachten
    und danach handeln 24

    Aktivitätenliste 37

Die Unfähigkeit, sich schwach zu zeigen, und die
Abhängigkeit vom Lob anderer 39

    Merkmale: Äußere Stärke und der Hunger
    nach Anerkennung 39

    Maßnahmen: Sagen, was los ist,
    und sich selbst loben 41

    Aktivitätenliste 47

Emotionale Schwerstarbeit 49

    Merkmale: Kein Bedarf mehr an Kontakten zu
    Menschen 49

    Maßnahmen: Auszeit nehmen und andere
    Tätigkeiten zum Ausgleich ausführen 52

    Aktivitätenliste 61

Die Störung eigener Motive und Ziele: Wenn man
nicht das bekommt, was man erwartet 62

Merkmale: Vermehrte Anstrengung führt nicht
zum gewünschten Erfolg 62

Maßnahmen: Den Blick für die richtige
Bewältigungsstrategie schärfen 68

Aktivitätenliste 75

Organisationsstrukturen sorgen für Stress 77

Merkmale: Rollenkonflikte, Rollenunsicherheit
und Machtlosigkeit 77

Maßnahmen: Rollenklärung und
Handlungsspielräume 83

Aktivitätenliste 90

Der Weg aus dem individuellen Burnout 92

Symptome sind Lehrer 94

Ein Modell Ihrer Persönlichkeit 94

Sind Sie bereit, den Preis der Veränderung zu zahlen? 96

Visionen mit der „Wunderfrage" 100

Entwicklungsskala – Wo stehen Sie heute? 105

Ihre nächsten Schritte 108

Aktivitätenliste 109

Schlusswort 112

Literaturhinweise 113

Stichwortverzeichnis 116

Vorwort

„Ich bin am Ende meiner Kraft und kann nicht mehr!" Wer sehr engagiert, hart und lange arbeitet, überschreitet hin und wieder seine Leistungsgrenzen, fühlt sich erschöpft und braucht Erholung, um wieder Kraft zu schöpfen. Das ist kein gravierendes Problem, wenn man sich anschließend etwas Ruhe gönnen und wieder gut erholen kann, um nach zeitweise überanstrengenden Arbeitsphasen wieder neue Energie zu sammeln und engagiert weiterarbeiten zu können. Wer aber gerade das nicht mehr kann, hat ein großes Problem, das fachlich als Burnout bezeichnet wird. Wie Axel Koch und Stefan Kühn bildhaft beschreiben, ist bei Burnout der Energie-Akku leer. Das Auftanken der notwendigen „Lebensenergie" funktioniert nicht mehr.

Keine Möglichkeit zur Ruhe und Entspannung

Über Burnout ist viel geschrieben und geforscht worden. Das Phänomen ist kompliziert und nicht leicht zu fassen. Koch und Kühn kennen die Fachliteratur, haben seit Jahren praktische Erfahrungen gesammelt und verarbeiten dies zu einer auch für Laien sehr verständlichen Darstellung über das Phänomen Burnout, seine Ursachen und Folgen. Sie beschreiben die Symptome sehr anschaulich, an denen man frühzeitig erkennen kann, dass zeitweilige Erschöpfungszustände zu Burnout werden. Stress in der Arbeit und anderen Lebensbereichen spielt dabei eine wichtige Rolle. Wichtig ist es deshalb, immer zu klären, ob und wie diese Stressoren durch eine Verbesserung der Arbeitsbedingungen und Leistungsanforderungen auf ein verkraftbares Maß verringert werden können. Aber nicht alle entwickeln Burnout, die an Arbeitsplätzen mit viel Stress arbeiten. Eine Erklärung dafür ist, dass sie sich nach intensiven Stressphasen besser erholen können. Wir können von ihnen lernen, wie man es schaffen kann, auch einmal abzuschalten und sich immer wieder körperlich und psychisch zu erholen. Das Buch klärt auf und gibt hier viele Hinweise und gute Ratschläge.

Wie entsteht Burnout?

Was kann man gegen Burnout tun?

Es gibt sehr konsequente Menschen, die ein Buch über gesunde Ernährung lesen und sofort ihre Ernährung umstellen. Für alle, die unter Burnout leiden, ist Aufklärung darüber wichtig, wie man Burnout erkennen und was man tun kann. Aber Burnout kann man nicht allein durch das Lesen eines Buchs und Beherzigen von Ratschlägen überwinden. Wer die Symptome an sich erkennt, sollte Hilfe durch persönliche psychologische Beratung suchen. Wer dabei Arbeitsstress eine große Rolle beimisst oder wer frühzeitig vorbeugen will, kann sich persönlichen Rat durch Berater mit Erfahrungen in der Analyse und Veränderung von Arbeitsstress holen. Heute nennt man diese nicht-therapeutische persönliche Beratung Coaching. Vorbild ist der Coach im Hochleistungssport. Manager wissen, dass sie im Beruf genauso Einzel-Coaching brauchen wie Spitzensportler, um im Beruf langfristig Spitzenleistungen bringen zu können und nicht irgendwann zusammenzubrechen. Was für Manager gut ist, kann auch anderen nutzen. Koch und Kühn bieten sich selbst mit ihren Erfahrungen hier als Coaches an. Wenn die Symptome aber stärker und ständig auftreten, wenn das Gefühl der Erschöpfung zum Dauerzustand, die Arbeits- und Erholungsfähigkeiten verloren gegangen sind, sollte Hilfe durch ausgebildete und erfahrene Psychotherapeuten gesucht werden.

Allen, die unter Burnout leiden, fällt es natürlich besonders schwer, neue Hoffnung zu fassen, sich aufzuraffen und Hilfe zu beanspruchen, damit sich ihr andauerndes Leiden verbessern kann. Wenn dieses Buch, das mit viel Verständnis und Engagement für Menschen mit Burnout geschrieben wurde, viele Leserinnen und Leser mit Stress und Burnout erreicht und ihnen zeigt, was gegen Burnout getan werden kann, hat es seinen Zweck erfüllt.

Osnabrück, im Februar 2000

Prof. Dr. Siegfried Greif
Stress- und Burnoutexperte

8

Einführung

Burnout kann jeden betreffen. Es ist ein Zustand, bei dem Menschen anfängliche Begeisterung, Engagement, Spaß und Freude für Tätigkeiten verlieren und dabei auch ihre Kontaktfreude bzw. -fähigkeit zu Mitmenschen und ihr körperliches Wohlempfinden einbüßen.

Für jeden Menschen bedeuten Burnout bzw. die Vorzeichen von Burnout eine Einbuße der Lebensqualität. Für Betroffene ist dies häufig unerklärlich, weil sie nicht erkennen, wie im Zusammenspiel zwischen persönlichen Einstellungen und Motiven und dem eigenen Privat- und Arbeitsumfeld die eigene natürliche Motivation verloren geht.

Da für jeden Menschen Lebensqualität, Wohlbefinden und Gesundheit wichtig sind, suchen Betroffene meistens zuerst Hilfe in einem Ratgeber. In schwierigeren Fällen hoffen sie in Seminaren oder bei Beratern bzw. Therapeuten auf eine Lösung.

Für Firmen ist das Burnout von Mitarbeitern ein ökonomisches Problem. Burnout tritt hier in der Regel in demotivierenden Arbeitsumgebungen auf, die durch Führungsfehler entstehen. In der Regel führt dies zum Spezialfall von Burnout – der „inneren Kündigung". Deshalb kann es nur im Interesse von Unternehmen sein, frühzeitig die Bedingungen für solch betriebswirtschaftliche Schäden zu erkennen und aktive Vorbeugemaßnahmen zu treffen.

Für beide beschriebenen Bereiche geben wir Ihnen mit diesem Buch Rat und Anleitung.

Axel Koch und Stefan Kühn

Jeden kann es treffen

Lebensqualität

Burnout kostet Geld

Burnout – Was ist das?

Verlust der Motivation Der Begriff „Burnout", auf deutsch „ausgebrannt sein", wurde 1974 in Amerika von dem deutschstämmigen Psychoanalytiker Herbert J. Freudenberger geprägt. Er beobachtete, dass sehr aufopferungsvolle und engagierte Mitarbeiter von Hilfsorganisationen aus unerklärlichen Gründen mit der Zeit immer erschöpfter, reizbarer und starrköpfiger wurden. Außerdem entwickelten sie negative Einstellungen zu den Menschen, denen sie helfen sollten. Kurzum: Sie verloren ihre Motivation.

Hinter Burnout steht die Annahme: Nur wer einmal „entflammt" gewesen ist, kann auch „ausbrennen".

Seit dieser Beobachtung entwickelte sich Burnout rasch zu einem häufig untersuchten und diskutierten Phänomen. Kleiber und Enzmann (1990) haben z. B. für ihre Bibliographie 2.496 Titel gefunden, die einen Überblick über die vorhandene Literatur der Jahre 1974 bis 1989 zum Thema Burnout ermöglichen.

Burnout bei helfenden und sozialen Berufen Anfangs untersuchten Wissenschaftler das Phänomen Burnout vorrangig für helfende und soziale Berufe wie Ärzte, Pflegekräfte oder Erzieher. Rasch kamen die unterschiedlichsten Berufsgruppen hinzu: Lehrer, Zahnärzte, Führungskräfte bzw. Manager, berufstätige Frauen usw. Praktisch keine Tätigkeit scheint vor Burnout gefeit zu sein. In Deutschland etablierte sich die Vokabel „Burnout" im Jahr 1987 und der Begriff wurde von dem Psychologen Schönpflug in ein renommiertes Handbuch aufgenommen. Bereits fünf Jahre zuvor tauchte der Begriff in einem amerikanischen Wörterbuch auf. Neuerdings erlebt der Begriff im Bereich von Call Centern eine Renaissance. Personen, die meist auf engstem Raum eine hohe Zahl Telefonkontakte gestalten, gelten als Risikogruppe.

Hauptproblem für die Erforschung von Burnout ist, das praktisch alles, was mit Erschöpfung und Motivationsverlust zu tun hat, mit diesem Schlagwort bezeichnet wird. Es gibt keine einheitliche Definition, geschweige denn eine geschlossene Theorie über Burnout. Einige bezweifeln sogar, dass das Phänomen überhaupt einen eigenständigen Begriff verdient, und sehen es als Folge von Langzeitstress. Insgesamt bestehen über die Ursachen, Symptome und Folgen von Burnout die unterschiedlichsten Ansichten.

Was genau ist Burnout?

Enzmann und Kleiber (1989) geben einen Überblick über die zwölf wichtigsten Definitionsversuche und -konzepte. In Deutschland hat sich besonders Burisch (1989) einen Namen zum Thema Burnout gemacht, indem er verschiedene Erklärungsansätze zu seinem integrierenden Burnout-Modell zusammenfasst. Wir wollen an dieser Stelle nicht die Diskussion um den Begriff Burnout vertiefen, denn wir glauben, dass die unterschiedlichen Ansätze alle einen wahren Kern und somit einen praktischen Nutzen haben. Deshalb möchten wir Ihnen ausgehend von den verschiedenen Erklärungsansätzen praxisorientierte Tipps geben, wie Sie bei sich Burnout-Tendenzen erkennen und etwas dagegen unternehmen können. Grundsätzlich sehen wir Burnout als das Ergebnis des Verlusts an innerem Gleichgewicht und deshalb ist jeder Fall individuell verschieden.

Verlust des inneren Gleichgewichts

Persönliche Anzeichen für Burnout

Das Symptombild von Burnout ist sehr vielschichtig: Es handelt sich dabei um einen Zustand körperlicher, emotionaler und geistiger Erschöpfung. Von Burnout spricht man, wenn verschiedene Symptome aus den drei genannten Bereichen über einen längeren Zeitraum auftreten. Die Betonung liegt dabei auf „längerem Zeitraum". Denn jeder Mensch zeigt zeitweilig die einen oder anderen Symptome. Wenn dies nur vorübergehend ist, stellen sie eine normale menschliche Reaktion auf belastende Lebenssituationen dar. Hat sich die Situation dann ent-

Erschöpfung über einen längeren Zeitraum

spannt, tritt schnell wieder das gewohnte emotionale und körperliche Befinden ein.

Kennzeichen Kennzeichnend für Burnout ist, dass Betroffene
- sich aus Tätigkeiten zurückziehen, für die sie früher einmal Begeisterung, Engagement, Spaß und Freude empfunden hatten,
- ihre ursprüngliche Kontaktfreude bzw. -fähigkeit zu Mitmenschen verlieren, stattdessen auf Distanz gehen oder lieber ganz allein sein wollen,
- ihr körperliches Wohlempfinden einbüßen, was sich besonders in Energieverlust und Erschöpfungssymptomen äußert.

Genauer und ausführlicher lassen sich – nach Pines, Aronson und Kafry (1989, S. 27–31) – folgende Erkennungsmerkmale für die drei Symptombereiche körperliche, emotionale und geistige Erschöpfung nennen:

Erkennungsmerkmale *Körperliche Erschöpfung*
- Energiemangel,
- chronische Ermüdung, das Bedürfnis nur noch schlafen zu wollen,
- Schwäche,
- erhöhte Anfälligkeit für Krankheiten, höheres Unfallrisiko,
- häufige Kopfschmerzen,
- Übelkeit,
- Verspannungen der Hals und Schultermuskulatur,
- Rückenschmerzen,
- Veränderungen der Essgewohnheiten und im Körpergewicht,
- verschiedene psychosomatische Leiden,
- Schlafstörungen,
- Alkohol, Zigaretten, Barbiturate (Schlaf-, Beruhigungsmittel) etc. oder übermäßiges Essen, um gegen die Erschöpfung anzukämpfen. Lange währt die Erleichterung durch diese Bewältigungsversuche jedoch nicht.

12

Emotionale Erschöpfung
- Gefühl von Überdruss: Alles ist zu viel,
- Niedergeschlagenheit,
- depressive Stimmung,
- Hilf- und Hoffnungslosigkeit,
- Gefühl der Ausweglosigkeit,
- manchmal unbeherrschtes Weinen,
- Gefühl von innerer Leere.
- Vielfach besteht das Gefühl, die verbliebene emotionale Energie für die täglichen Verrichtungen des Lebens zu brauchen. Man kann nichts mehr geben. Freunde und Familienmitglieder gehen einem auf die Nerven. Familie und Freunde bedeuten im Vergleich zu früher keine Kraftquellen mehr, sondern nur noch weitere Anforderungen. Man will lieber allein sein bzw. in Ruhe gelassen werden.
- Reizbarkeit und Nervosität.

Geistige Erschöpfung
- Negative Einstellung zum Selbst und zur Arbeit: Arbeit wird z. B. nicht mehr als befriedigend angesehen, man fühlt sich unzulänglich, minderwertig, den Aufgaben nicht mehr gewachsen.
- Negative Einstellung anderen gegenüber; z. B. entwickeln Angehörige helfender Berufe dehumanisierende Einstellungen gegenüber den Menschen, denen sie helfen sollen. Einfühlung gelingt nicht mehr. Patienten werden nur noch als Träger von Problemen gesehen.
- Kontakte werden vermieden. Man begegnet Personen, mit denen man von Berufs wegen zu tun hat, z. B. mit Intoleranz und Zynismus.
- Negative Einstellungen gegenüber Kollegen, Freunden und Familienangehörigen. Es kommt z. B. ihnen gegenüber zu übertriebenen und ungerechtfertigten Anforderungen.
- Haltung „alles egal". Mit Widerwillen wird die Arbeit erledigt.

Folge von Langzeitstress

Trotz der Vielschichtigkeit der Symptome gehen die meisten Erklärungsansätze davon aus, dass Burnout letzten Endes eine Folge von Langzeitstress ist. Nach Selye (in Nitsch 1981, S. 166–172) ist Stress die physiologische Reaktion des Körpers auf eine Anforderungs- bzw. Bedrohungssituation. Der Körper wird dabei nervlich und hormonal in einen Zustand erhöhter Aktivierung gebracht. Ist die Situation bewältigt, stellt sich der Körper wieder auf ein Normalniveau ein. Befindet sich ein Organismus ständig in solch einer Anforderungssituation, wird auf Dauer Raubbau mit den eigenen Energien getrieben. Es kommt zu Stresserkrankungen.

Ungleichgewicht zwischen Person und Situation

Ob eine Person in Stress gerät, hat zum einen mit persönlichen Einstellungen, zum anderen mit der Arbeits- und Lebensumwelt zu tun. Ursache für Stress ist häufig ein Ungleichgewicht zwischen Person und Situation.

Warnung

Abschließend möchten wir Sie davor warnen, vorschnell Ihr eigenes Burnout zu diagnostizieren. Sollten Sie einen Verdacht haben, beobachten Sie am besten genau, ob die Symptome ständig – sozusagen als treue Begleiter – oder ob sie nur in bestimmten Situationen auftreten. Auf diese Weise bekommen Sie erste Aufschlüsse, wie bestimmte Symptome mit ihrer Lebensführung zusammenhängen und was sie Ihnen vermitteln wollen.

Unterschied zwischen heute und gestern

Ein weiteres wichtiges Indiz für Burnout ist, dass Sie einen Unterschied zwischen heute und früher erkennen. Die oben genannten Symptome sind dann als Warnzeichen zu werten, wenn Sie zu anderen Zeiten, z. B. nach einem längeren Urlaub, oder damals, als Sie neu im Job waren, noch nicht auftraten.

Phasen des Burnoutprozesses

Burnout gilt als Prozess: Es tritt nicht schlagartig auf, sondern ist ein schleichendes Phänomen. Das liegt daran, dass Lebensumstände, die Burnout fördern, nicht ständig in ihrer ganzen Intensität auf Sie einwirken. Sie erholen sich sozusagen immer wieder ein wenig vom Burnout, indem Sie z. B. Abstand durch einen längeren Urlaub bekommen. Es gilt die Faustregel: Je weiter der Prozess vorangeschritten ist, umso mehr Aufwand bedeutet es, diesen wieder umzukehren. Meistens sehen Betroffene nicht, dass es auch lange Zeit gedauert hat, um ins Burnout zu gelangen, und erwarten eine Sofortlösung. Gewünscht wird die „Anti-Burnout-Pille". **Es gibt keine Sofortlösung**

Je früher es Ihnen deshalb gelingt, Warnsignale zu bemerken, umso leichter können Sie selbst etwas gegen Burnout tun. Je weiter der Prozess vorangeschritten ist, umso nötiger wird in der Regel auch eine psychotherapeutische Beratung und Begleitung sein. Der Grund: Als Betroffener ist man meistens zu sehr in seiner Sicht der Dinge gefangen. Durch den Fachmann gelingt es leichter, sich selbst aus anderen Perspektiven zu betrachten und dadurch Lösungen zu finden. **Warnsignale**

Im Folgenden wollen wir Ihnen in Anlehnung an Burisch (1989, S. 11–16) die verschiedenen Phasen des Burnoutprozesses skizzieren. Es handelt sich dabei um eine Zusammenfassung mehr oder weniger aller in der Literatur genannter Symptome, geordnet nach sieben Kategorien. Wir beschränken uns hier auf eine kurze Wiedergabe. Dabei ist zu berücksichtigen, dass diese Phasen und Symptome nicht strikt voneinander abgrenzbar sind, nicht alle in jedem Fall auftreten und auch nicht zwingend in dieser Reihenfolge auftreten müssen. **Phasen des Prozesses**

Phase 1: Warnsymptome der Anfangsphase
- Vermehrtes Engagement für Ziele: Gefühl der Unentbehrlichkeit, Gefühl, nie Zeit zu haben, Verleugnung eigener Bedürfnisse, Hyperaktivität;
- gleichzeitig Gefühle von Erschöpfung: Müdigkeit, Energiemangel, Unausgeschlafenheit.

Phase 2: Reduziertes Engagement / Rückzug
- Allgemein: Unfähigkeit oder Widerwille zu geben, Verlust des Einfühlungsvermögens, Zynismus;
- gegenüber Klienten, Patienten, Mitarbeitern, Kunden usw.: Verlust positiver Einstellungen gegenüber den Menschen, denen meist der größte Teil der eigenen Arbeit gewidmet ist, Distanz bzw. Meiden von Kontakten, Gefühl der Ernüchterung;
- während der Arbeit: negative Einstellung zur Arbeit allgemein, Widerwillen, Überdruss, Arbeitspausen werden überzogen, Fehlzeiten, Verlagerung des Schwergewichts auf die Freizeit („Aufblühen am Wochenende");
- erhöhte Ansprüche: Verlust von Idealismus, Konzentration auf eigene Ansprüche, Gefühl mangelnder Anerkennung, private Probleme nehmen zu (z. B. Probleme mit den Kindern oder dem Partner).

Phase 3: Emotionale Reaktionen / Schuldzuweisung
- Depression: Selbstmitleid, Humorlosigkeit, unbestimmte Angst, abrupte Stimmungsschwankungen, verringerte emotionale Belastbarkeit, Gefühl der Abstumpfung bzw. von innerer Leere, Apathie, Schuldgefühle;
- Aggression: Schuldzuweisung bzw. Vorwürfe an andere, Reizbarkeit, häufige Konflikte mit anderen, Ärger, Intoleranz, Launenhaftigkeit, Negativismus.

Phase 4: Abbau
- Geistige Leistungsfähigkeit: Konzentrations- und Gedächtnisschwäche, Ungenauigkeit, Desorganisation;

- Motivation: verringerte Initiative, Dienst nach Vorschrift;
- Kreativität: verringerte Fantasie, Flexibilität;
- Wahrnehmung: undifferenziert, Schwarz-Weiß-Denken.

Phase 5: Verflachung
- Emotionales Leben: Gleichgültigkeit;
- Soziales Leben: Beschäftigung mit sich selbst, Gespräche über die eigene Arbeit werden vermieden, Privatkontakte werden vermieden, Einsamkeit;
- Geistiges Leben: Desinteresse, Langeweile, Hobbys werden aufgegeben.

Phase 6: Psychosomatische Reaktionen
- Schlafstörungen, Herzklopfen, Engegefühl in der Brust, Muskelverspannungen, Schwächung des Immunsystems, Rücken- und Kopfschmerzen, Übelkeit, Verdauungsstörungen, veränderte Essgewohnheiten, mehr Alkohol, Kaffee, Tabak, Drogen, Sexualprobleme usw.

Phase 7: Verzweiflung
- Negative Einstellung zum Leben, Hoffnungslosigkeit, Gefühl der Sinnlosigkeit, Existentielle Verzweiflung, Selbstmordgedanken.

Dauer und Verlauf sind individuell

Wie lange dieser Burnoutprozess dauert, lässt sich nicht konkret beantworten. Der Verlauf ist sehr individuell. Außerdem hängt es davon ab, welche der im Folgenden genannten Ursachen im Vordergrund steht. Als Faustregel lässt sich sagen, dass Burnout bereits nach wenigen Monaten beginnen kann und spätestens nach drei Jahren offensichtlich wird. Dies zeigt sich in Unternehmen häufig an den Fluktuationsraten.

Beginn schwer feststellbar

Eine zeitliche Datierung fällt auch deshalb schwer, weil Betroffene nicht merken, wie sie in den Prozess eintauchen. Es gibt viele Menschen, die in der Phase des Rückzugs und verminderten Engagements bis zur Rente aushalten.

Faktoren wirken zusammen Damit Sie für sich besser einschätzen können, ob Sie wirklich von Burnout betroffen sind oder zumindest gefährdet, beschreiben wir im Folgenden zentrale Burnout-Ursachen und nennen Lösungswege. Bitte beachten Sie, dass die getrennte Aufführung der Burnout-Ursachen eine Vereinfachung darstellt, die alles verständlicher machen soll. In der Realität spielen die Faktoren häufig ineinander, sodass die jeweils beschriebenen Lösungsansätze auch übergreifend zu betrachten sind.

Burnout-Ursachen

Verleugnung und Verdrängung von Stress- und Überdrusssignalen

Merkmale: Der Energie-Akku ist leer

Im Mittelpunkt der ersten Burnout-Ursache steht ein auffälliges Energiedefizit, das der Betroffene nicht als Alarmsignal zur Kenntnis nimmt. Burnout ist nach Freudenberger (1992, S. 27) Energieverschleiß und Erschöpfung aufgrund von Überforderungen, die von innen oder von außen – durch Familie, Arbeit, Freunde, Wertsysteme oder die Gesellschaft – kommen kann und einer Person Energie, Bewältigungsmechanismen und innere Kraft raubt. Besonders gefährdet hierfür scheinen Menschen zu sein, die eine große Verantwortung tragen (in der Regel Führungskräfte oder Manager), Selbstständige, Frauen oder Männer zwischen Beruf und Familie.

Verantwortung führt oft zu Burnout

Fallbeispiel

Herr J. ist 30 Jahre alt. Nach der Geburt der beiden Söhne ist seine Frau zu Hause, möchte aber bald wieder als Arzthelferin tätig sein. Damit dies möglich ist und die Einnahmen stimmen, arbeitet Herr J. neben seiner derzeitigen Anstellung als Steuerberater daran, sich im Finanzberatungsgeschäft als Vertreter selbstständig zu machen.
Sein blasses angespanntes Gesicht weist die Spuren des täglichen Marathon-Pensums auf. Er geht meist morgens früh aus dem Haus und kommt abends spät wieder. Dann ist er todmüde. Wenn er einmal früher zu Hause ist, denkt er nicht an Ruhe. Irgendwie muss er dann der Familie gerecht werden: mit den Kindern spielen, Gäste empfangen, seine Frau unterstützen. Typisch für ihn ist, dass er für eine gute halbe Stunde nach Hause kommt und dann auch schon wieder aus dem Haus „fegt“.

Vielleicht ist es Zufall oder der innere Hochdruck – dieses ständige Unter-Strom-Stehen, die rasenden Gedanken –, dass er in letzter Zeit häufiger mit dem Wagen einen Blechschaden hatte.

Im Freundes- und Verwandtenkreis hat er mittlerweile einen schlechten Ruf, weil ihm offenbar kein Ort mehr heilig ist, um Kundengewinnung zu betreiben: Bei einer großen Geburtstagsparty der Schwiegereltern mit über 50 Gästen setzte er sich unter geflissentlichem Grinsen zu Verwandten und Bekannten und fragte: „Hast du schon mal daran gedacht, wie du Geld sparen kannst? Wir sollten uns mal zusammensetzen. Du zeigst mir dann deine Finanzen …“ Angesichts der Akquise am Kaffeetisch war die Empörung groß. Ihm war es egal. Nur die eine Frage schwirrt in seinem Kopf herum: „Wie komme ich an Kunden?“ Fast alles, was er sagt, hat mit Finanzierung zu tun – so die Beobachtung von Außenstehenden. Er trennt nicht mehr Beruf und Freizeit. Sport und Geselligkeit – sie scheinen für ihn nur weitere Geschäftstermine zu sein oder zumindest eine gute Möglichkeit, Kontakte zu machen und Kunden zu akquirieren.

Verleugnungs- und Verdrängungsmechanismus

Angesichts dieses Beispiels werden Sie sich fragen: „Wie hält dieser Mensch das nur aus? Der muss doch zum Umfallen erschöpft sein.“ Davon kann man ausgehen. Das Tückische ist jedoch, dass Menschen, die so leben, nach Freudenberger (1992, S. 12–13, 27–28) einen ausgeprägten Verleugnungs- bzw. Verdrängungsmechanismus entwickeln. Als Reaktion auf ihre Stress-, Überdruss- und Erschöpfungssymptome strengen sie sich noch mehr an, nehmen sich noch mehr „zusammen“ und reagieren auf die Symptome wie auf Feinde, die es zu schlagen gilt. Die Augen werden vor der Realität verschlossen. Zum typischen Verhalten gehört auch der Griff zu Aufputschmitteln.

So können Betroffene zunächst mehr und länger ihre Leistungsfähigkeit bewahren. Schnell wird dieses Verhalten zur Gewohnheit und der Erschöpfungszustand wird zum Normalzustand. Wenn Sie jemand darauf anspricht, wollen Sie dies nicht wahrhaben und reagieren mit Abwehr.

20

Dadurch wird die Situation nicht – wie erhofft – besser, sondern schlechter. Indem Sie nämlich trotz deutlicher Anzeichen die Botschaften Ihres Körpers nach Ruhe verleugnen, gelangen Sie immer tiefer in den Prozess der Verdrängung eigener Wünsche und Bedürfnisse. Das kostet zusätzlich Kraft und Energie. Irgendwann ist dann die „Batterie" leer und eine Vielzahl von Burnoutsymptomen liegt vor. Ihr Körper ist aus der normalen Balance von Aktivität und Erholung geraten.

Körper gerät aus der Balance

21

Einstellungen und Werte Hinter dem Verleugnungs- bzw. Verdrängungsmechanismus stehen bestimmte Einstellungen und Werte. Charakteristisch dafür sind zum Beispiel die folgenden Aussagen bzw. Gedanken, die dafür sorgen, dass Sie üblicherweise bis ans Ende Ihrer Kräfte arbeiten.

Diese Einstellungen können Sie an den Rand Ihrer Kräfte bringen

Das Gemeinsame dieser Einstellungen ist die Angst vor negativen Konsequenzen, die dann drohen, wenn der Betroffene mit seinen Aktivitäten aufhört.

- Wenn ich es nicht mache, macht es keiner.
- Nur, wenn ich es mache, wird es richtig erledigt.
- Ich habe jetzt keine Zeit mich zu entspannen, ich habe zu viel zu tun.
- Ich hätte gerne jemanden, der mir die Arbeit abnimmt, aber ich mag keinen um Hilfe bitten.
- Ich muss jetzt weitermachen. Ich darf mich nicht hängen lassen. Du hast jetzt zu funktionieren, Körper.
- Ich bin erschöpft, aber ich kann das jetzt nicht liegen lassen.
- Wenn ich jetzt aufhöre, komme ich völlig aus dem Tritt und bekomme gar nichts mehr geregelt.
- Ich weiß, dass ich erschöpft bin, das ist aber nur vorübergehend. Geht vorbei.
- Wenn ich jetzt aufhöre, erreiche ich meine Ziele nicht oder es wird mir als Schwäche ausgelegt.
- Zuerst muss ich die anderen zufrieden stellen, dann bin ich dran.
- Ich würde mir ja gerne mehr Zeit zur Ruhe nehmen, aber ich kann nicht alles liegen lassen. Irgendwann bricht alles über mir zusammen.
- Was man begonnen hat, muss man auch beenden. Vorher darf man nicht aufhören.

■ Ich muss alles perfekt machen. Muss besser, schneller und effizienter sein als andere, sonst erreiche ich nichts.
■ Pausen bedeuten reinen Zeitverlust. In der Zeit kann ich schon zig Sachen erledigt haben.
■ Erst die Arbeit, dann das Vergnügen bzw. die Entspannung.

Burnoutgefahr betrifft in der Regel Personen, die sehr ehrgeizig und leistungsbereit sind. Sie haben hohe Erwartungen an sich und ihre Umwelt. Auf der anderen Seite haben sie – wie die genannten Einstellungen zeigen – starke Furcht vor negativen Konsequenzen, wenn sie in ihrem Handeln lockerlassen.

Ehrgeiz und Leistungsbereitschaft

Ein weiterer Aspekt ist eine starke Abhängigkeit von den Erwartungen anderer. Sie fürchten den Verlust von Zuwendung, Liebe, Unterstützung, Anerkennung etc., wenn sie nicht die Anforderungen anderer erfüllen (z. B. die berufstätige Frau, die nach traditionellem Rollenverständnis Haushalt, Karriere, Familie und Eheleben unter einen Hut bringen will). Folglich wird alles daran gesetzt, so zu funktionieren, wie es die Umwelt erwartet.

Abhängigkeit von Erwartungen anderer

Fallbeispiel

Frau K. hat eine siebenjährige Tochter und ist ganztags als Sachbearbeiterin bei einer Firma beschäftigt. Ihr Mann arbeitet nach einer überraschenden Kündigung als selbstständiger Kameramann. Er erledigt Aufträge auf Abruf. Ihre Finanzen sind daher knapp bemessen. Alles zusammen beeinträchtigt das Familienleben. Frau K. würde z. B. gerne viel mehr gemeinsam mit Ihrem Mann unternehmen. So geht sie meistens allein aus.
Hinzu kommt, dass sie den Kauf eines renovierungsbedürftigen Hauses langsam bereuen, das sie gekauft haben, als ihre Existenz noch gesicherter war. Beide müssen viel Zeit, Geld und Arbeit in die Instandsetzung des Hauses stecken. Frau K. würde auf der einen Seite gerne halbtags arbeiten, um jetzt die schöne Zeit mit ihrer Tochter zu genießen und

ihr auch die gemeinsame Zeit zu geben, die sie braucht. Auf der anderen Seite reizt es sie, jetzt die einmalige Chance zu nutzen, in eine gehobene Position zu kommen. Was soll sie tun? Da das Geld nötig ist, muss sie wohl auf jeden Fall weiterhin ganztags arbeiten.
Nach einem Jahr geht sie wegen Magenproblemen zum Arzt. Seine Diagnose: akute Magenschleimhautentzündung.

Das Beispiel zeigt Ihnen, wie einerseits innere und äußere Konflikte, andererseits das Arbeitspensum selbst zur Daueranspannung führen. Wenn es Ihnen ähnlich geht, hilft es nicht, einfach wegzuschauen. Entscheidungen treffen und aktives Handeln sind nötig.

Maßnahmen: Signale des Körpers beachten und danach handeln

Was Sie tun müssen:
- ■ *Beobachten Sie sich selbst und erkennen Sie körperliche Warnsignale.*
- ■ *Ändern Sie Einstellungen, die Burnout fördern.*
- ■ *Bleiben Sie in Balance durch richtiges Erholen.*

1. Schritt   Sich selbst beobachten und körperliche Warnsignale erkennen

Hören Sie auf Ihren Körper Damit Sie Ihr körperliches Gleichgewicht bewahren und nicht ins Burnout geraten, kommt es darauf an, ein „Ohr" für Ihren eigenen Körper zu entwickeln. Mit dem Begriff „Balancing" (Huber, 1995; Asgodom, 1992) ist die Idee verknüpft, eine Ausgewogenheit zwischen Erholung und Aktivität bzw. zwischen Energie aufbauenden und Energie verbrauchenden Prozessen zu erreichen. Personen, die nicht burnoutgefährdet sind, haben dafür ein natürliches, intuitives Gefühl.

Signale des Körpers Unser Körper weiß sehr genau, wann sein Gleichgewicht ins Wanken geräten. Er sendet anfangs feine, später immer deutlichere Signale. Unsere Symptome sind wie Leh-

24

rer: Sie kommen so lange wieder, bis wir daraus etwas für unsere Lebensführung gelernt haben (Grinder und Bandler, 1995). Sie können von Ihrem Körper lernen, wie die notwendige Energie dauerhaft erhalten werden kann. So lässt sich messen, dass z. B. bei unserem Herz oder bei unserer Atmung die Entspannungsphase doppelt so lange dauert wie die Anspannungsphase. Offenbar ist dieses Verhältnis zwischen Anspannung und Entspannung wichtig, um über Jahrzehnte hinweg optimal zu funktionieren. Die Fähigkeit seinen eigenen Energiehaushalt auszugleichen und durch Entspannung, Muße und Gelassenheit immer wieder zu Kräften zu kommen, ist eine Kunst, die Sie lernen können.

Jeder Mensch hat sein individuelles Gleichgewicht. Keiner – außer Sie selbst – kann Ihnen sagen, wann Sie mit Ihrer Lebensführung dazu beitragen, dass Sie Ihren Energiehaushalt „in den roten Bereich" bringen. Lernen Sie daher auf Ihre innere Stimme zu hören und Signale Ihres Körpers wahrzunehmen. Als Vergleichsmaßstab nehmen Sie eine Zeit aus Ihrem Leben, wo Sie das Gefühl hatten, sich körperlich und psychisch ausgeglichen und wohl gefühlt zu haben. **Vergleichen Sie mit vergangenen Zuständen**

Die folgenden Warnsignale können mehr oder weniger stark auftreten. Mit zunehmender Dauer kommen immer mehr Bereiche hinzu und die Symptome werden intensiver: **Warnsignale**
- Reizbarkeit,
- Verdauungs- und Magenbeschwerden,
- Kopfschmerzen,
- Herzklopfen / Herzstiche,
- Engegefühl in der Brust,
- innere Unruhe / Nervosität,
- Schlafstörungen,
- erhöhte Krankheitsanfälligkeit,
- Verspannungen (z. B. im Nacken-, Schulter- und Rückenbereich),
- Gefühl der Überforderung, man möchte aufhören,
- Unzufriedenheit,

- man muss sich innerlich zu Tätigkeit aufraffen,
- Wunsch auszuspannen, zu schlafen, Ruhe zu haben,
- Vergesslichkeit,
- Fehlerhäufigkeit steigt,
- Konzentrationsmangel.

Folgende Übung hilft Ihnen einen Überblick zu bekommen, in welche Lebensbereiche Sie derzeit Ihre Energien einbringen und ob es das ist, was Sie wollen bzw. was Ihnen gut tut.

Übung
„Energiebilanz"
1. Schreiben Sie als Erstes auf, aus welchen Bestandteilen sich Ihr Leben derzeit zusammensetzt (z. B. Arbeit, Familie, Partnerschaft, Zeit für sich selbst, Hobbys, soziale Kontakte zu Freunden, Sport, Haushalt, etc.).
2. Malen Sie wie im ersten Schaubild (siehe Abb. 1) auf, wie viel Zeit Ihre Lebensbestandteile z. B. pro Tag, pro Woche oder pro Monat – je nachdem, was Ihnen leichter fällt – ein nehmen.
3. Schätzen Sie als Nächstes ein, wie viel Energie Sie durch die Bestandteile gewinnen oder verlieren. Malen Sie diese Werte wie im zweiten Schaubild (siehe Abb. 2) auf.
4. Wenn Sie jetzt vergleichen, wie viele Stunden die Bereiche ausmachen und ob damit Energiegewinn oder -verlust verbunden ist, wissen Sie, wie Sie mit Ihren Energien haushalten.

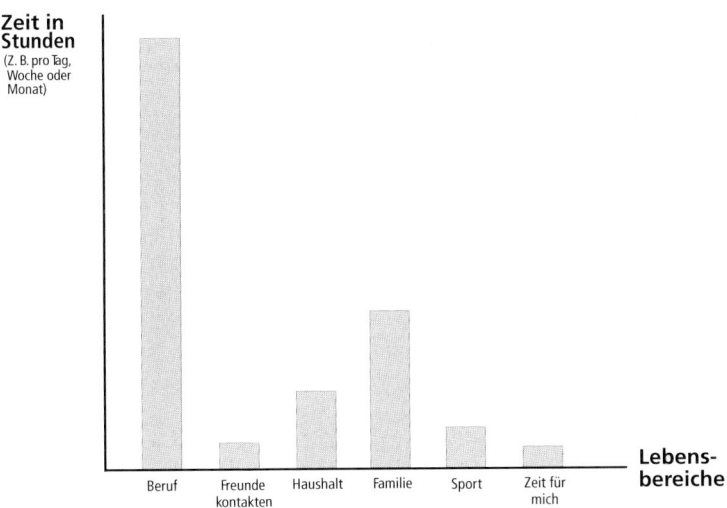

Abb. 1: So könnte die Verteilung der Lebenszeit auf verschiedene Lebensbereiche aussehen.

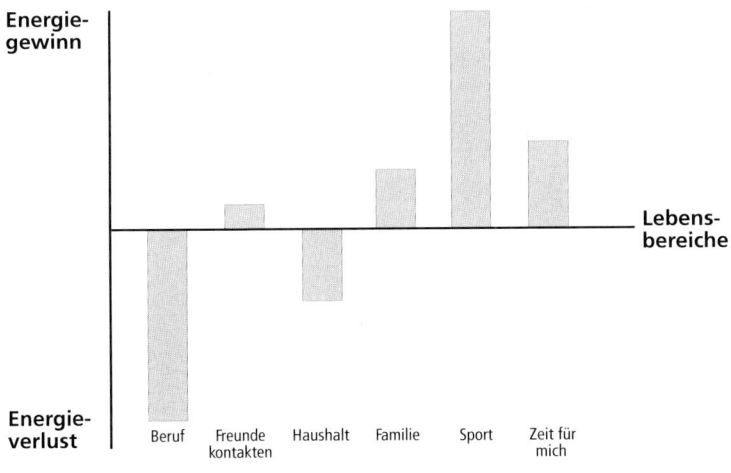

Abb. 2: Die subjektive Einschätzung zeigt, welche Lebensbereiche als Energiegewinn oder -verlust empfunden werden und wie viel die Anteile ausmachen.

2. Schritt   Veränderung burnoutförderlicher Einstellungen

Wie oben beschrieben, entstehen die genannten Warnsignale üblicherweise aufgrund von bestimmten Einstellungen und Werten. Deshalb ist es wichtig, bei sich herauszufinden, welches Verhalten und welche Denkweise Sie dazu bringen, auch dann nicht aufzuhören, wenn Ihr Körper Ihnen längst Einhalt gebietet.

Um der Burnoutgefahr entgegenzuwirken, gilt es Einstellungen zu entwickeln, die helfen, dem Körper die nötige Entspannung und Erholung zu erlauben, so dass er sich wieder für anstehende Tätigkeiten regenerieren kann.

Mögliche Einstellungen, die Ihnen „Luft verschaffen"

Entlastende Einstellung
❑ „Selbst wenn der Tag 100 Stunden hätte, werde ich mit meinen Tätigkeiten nicht fertig. Fertig bin ich erst, wenn ich im Sarg liege. Dann ist alle Ruhe der Welt da. Es iegt in der Natur des Menschen, sich immer wieder Ziele zu setzen, jedes erreichte Ziel ist ein Neubeginn. Es wird nie genug Zeit geben. Es hat immer mit eigenen Prioritäten und Werten zu tun."
❑ Nach einer Pause gehen Tätigkeiten leichter und besser von der Hand. In Pausen werden z. B. im Gehirn Informationen geordnet und sortiert. Oder: In dem Moment, wo man sich von Gedanken löst, indem man an etwas anderes denkt, entsteht Raum für kreative und problemlösende Prozesse.
❑ Wenn Sie frühzeitig Ihre Energien beachten, haben Sie es selbst in der Hand, über Pausen zu entscheiden. Irgendwann entscheidet sonst Ihr Körper, dass Sie aufhören müssen und Sie brechen zusammen.
Dann müssen Sie sich zwangsläufig von Tätigkeiten lösen, Ziele zurückstellen, Aufgaben an andere delegieren usw.

Einstellungsänderung braucht Zeit
Machen Sie sich klar: Die Entwicklung bzw. Veränderung von persönlichen Einstellungen ist ein Prozess, der sich nicht von heute auf morgen vollziehen kann. Dazu schlagen wir Ihnen eine sehr effiziente Übung vor, die die übliche Verän-

derung von Einstellungen in unserem Leben systematisiert. Sie können sich das an der in der Kindheit erworbenen Einstellung bewusst machen: „Ich muss an der roten Fußgängerampel stehen bleiben." Stattdessen glauben viele Erwachsene, Ampeln wären nur „Monolithen" der „öffentlichen Ordnung", und halten sich höchstens daran, wenn ihnen Kinder zuschauen – „Man will ja Vorbild sein" – oder der Verkehr es zwingend erforderlich macht – „Man will ja nicht wie ein Hase über die Straße jagen oder überfahren werden."

Übung

Veränderung von Einstellungen
Nehmen Sie sechs Blatt Papier. Schreiben Sie auf jedes Blatt der Reihe nach folgende Worte:
1. alte Einstellung,
2. offen für neue Einstellungen (offen für Neues),
3. Zweifel an gewohnten Einstellungen (an Altem),
4. abgelegte Einstellungen (Museum),
5. gewünschte neue Einstellung und
6. neutrale Position (neutral).
   Legen Sie die so beschrifteten Zettel wie im Schaubild auf den Boden.

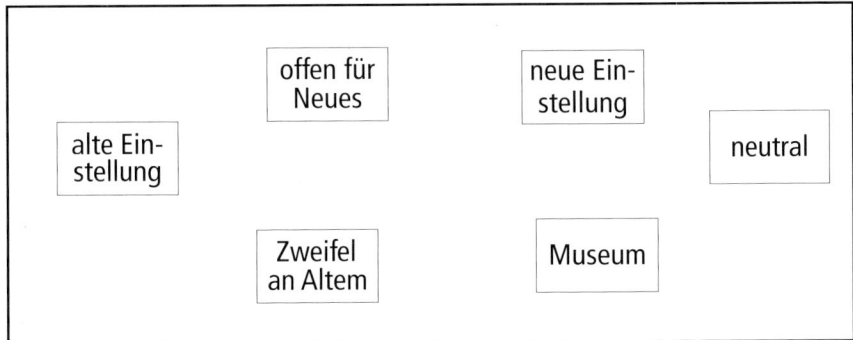

Abb. 3: „Parcours" zur Veränderung von Einstellungen

Im Folgenden lesen Sie, wie Sie zu einer veränderten Einstellung kommen. Gehen Sie dazu die einzelnen Schritte nacheinander durch:

1. Stellen Sie sich auf die Position „neutral". Machen Sie sich klar, wie Sie sich fühlen, wenn Sie in einem neutralen Zustand sind. Suchen Sie dafür eine Bezugserfahrung. Meist ist es der Zustand, in dem Sie als unbeteiligter Beobachter anderen zuschauen.

2. Gehen Sie dann zur Position „alte Einstellung". Machen Sie sich die Einstellung bewusst, die Sie verändern wollen. Suchen Sie dafür eine oder mehrere Bezugserfahrungen, die ganz deutlich die Wirkung dieser Einstellung widerspiegeln. Machen Sie sich bewusst, woran Sie erkennen, dass es eine Ihrer intensiven und festen Einstellungen ist.

3. Lösen Sie sich innerlich wieder von den Bezugserfahrungen zur „alten Einstellung" und gehen Sie zur Position „Zweifel an Altem". Machen Sie sich bewusst, was es in Ihrem bisherigen Leben für Einstellungen gab, die sie lange als sehr gut und richtig empfanden, bis Sie irgendwann Zweifel daran bekamen. Suchen Sie dafür eine oder mehrere Bezugserfahrungen, die ganz deutlich die Wirkung dieses Zweifelns an einer Einstellung widerspiegeln.

4. Lösen Sie sich innerlich wieder von den Bezugserfahrungen zu „Zweifel an Altem" und gehen Sie zur Position „offen für Neues". Machen Sie sich bewusst, was Sie in Ihrem Leben an Erfahrungen gesammelt haben, wo Sie offen dafür waren, eine neue Einstellung als die für Sie richtige anzunehmen. Suchen Sie dafür eine oder mehrere Bezugserfahrungen, die ganz deutlich die Offenheit für neue Einstellungen widerspiegeln.

5. Lösen Sie sich innerlich wieder von den Bezugserfahrungen „offen für Neues" und gehen Sie zur Position „neue Einstellung". Machen Sie sich innerlich klar, welche neue Einstellung Sie ganz konkret haben möchten. Formulieren Sie dafür einen möglichst kurzen und prägnanten Satz.

6. Gehen Sie mit diesem neuen Einstellungssatz zur Position „offen für Neues" und erinnern Sie sich dabei an die früheren Situationen, wo es Ihnen auch schon gelang, eine neue Einstellung in Ihr Leben aufzunehmen.

7. Gehen Sie zur Position „neutral". Überlegen Sie aus dieser Sicht, ob Sie noch Veränderungen für Ihre neue Einstellung entdecken. Wiederholen Sie Schritt 6 und 7, bis Sie mit der neuen Einstellung ganz zufrieden sind.
8. Gehen Sie dann auf die Position „Zweifel an Altem". Machen Sie sich Ihre frühere Einstellung bewusst und erinnern Sie sich dabei an die früheren Situationen, in denen Sie begannen an Einstellungen zu zweifeln.
9. Gehen Sie dann mit dieser „alten Einstellung" im Bewusstsein zur Position „Museum" und legen Sie diese sozusagen im Museum Ihrer persönlichen Geschichte ab. Machen Sie sich bewusst: Im Museum werden all die Dinge zusammengetragen, die früher eine wichtige Bedeutung hatten, heute jedoch nur noch an den früheren Wert erinnern.
10. Gehen Sie dann zur Position „offen für Neues". Holen Sie sich Ihre „gewünschte neue Einstellung" ins Bewusstsein
11. und wechseln Sie von dort zur Position „alte Einstellung". Holen Sie sich das ins Bewusstsein zurück, woran Sie merken, dass Einstellungen ein fester, zu Ihnen gehörender Teil sind. Verweilen Sie dort und nehmen Sie wahr, wie diese neue Einstellung ein fester Teil von Ihnen zu werden beginnt. Spüren Sie, wie sich diese neue Einstellung anfühlt. Sollte Ihnen hier in den Sinn kommen, dass noch etwas fehlt, runden Sie die neue Einstellung so ab, bis es ganz passt.
12. Schließen Sie das Ganze ab, indem Sie zurück auf das Feld „neutral" gehen und die Übung beenden.

Auch wenn Sie diese Übung durchgehen: Es wird sich nichts schlagartig ändern. Hilfreich ist, die Übungsfolge ruhig ein paar Mal in beliebigen Zeitabständen zu wiederholen. Lassen Sie sich die Zeit, für Ihre persönliche Balance zu sorgen. Wann immer sich Ihre Stimme im Kopf meldet und sagt „Das darfst du nicht, dafür hast du keine Zeit, es gibt Wichtigeres", nutzen Sie die Chance und gehen Sie der Frage nach, wie Sie es gelernt haben, so zu denken. Seien Sie gespannt, welche Erkenntnisse Sie erwarten. Indem Sie sich selbst besser kennen lernen, finden Sie selbst langsam zur Balance.

Übungsfolge mehrmals wiederholen

31

Unterstützen Sie sich selbst in Ihrer Entwicklung, indem Sie die neuen Einstellungen mit dem Satz einleiten:

- „In mir entwickelt sich die innere Haltung ...“
- „Ich beginne von Tag zu Tag mehr ...“

Durch diese Einleitungen setzen Sie sich nicht unter neuerlichen Handlungsdruck, sondern machen sich stets klar, dass Sie mitten in einem Entwicklungsprozess stehen. Eines Tages werden Sie sich wundern, wie Sie früher agiert haben. Manchmal ist es sogar so, dass Sie es selbst gar nicht merken, sondern Ihnen nur nahe stehende Personen rückmelden, dass Sie sich ganz anders verhalten als früher.

Machen Sie sich klar: Der größte Feind Ihrer Entwicklung ist Ihre eigene Ungeduld. Veränderung geschieht nicht schlagartig.

Erholung „lernen" | *3. Schritt   In Balance bleiben durch richtiges Erholen*
Eigene Energien können Sie nur durch richtige Erholung erhalten. Wer dies nicht intuitiv beherrscht, muss anfangs seine Erholung regelrecht planen, bis sie zur selbstverständlichen Gewohnheit geworden ist. Gesunde Erholung und damit dauerhafte Leistungsfähigkeit, Wohlbefinden und Gesundheit gelingt, indem

- Sie erkennen, ob Sie Erholung benötigen;
- Sie sich klarmachen, wovon Sie sich erholen müssen;
- Sie wissen, was Sie von gesunder Erholung abhält;
- Sie wissen, welche Form der Erholung für Sie die richtige ist.

Falsche Vorstellungen | Häufig besteht die falsche Vorstellung, man erhole sich beim passiven Pausieren. Viele denken auch „einmal richtig durchschlafen", „ein Kurzurlaub", „ein Wochenende" und schon ist man wieder in Topform, ohne daran zu denken, dass man auch wochenlang seine Energien überreizt hat. Ein wirklicher Erholungseffekt tritt z. B. im Urlaub erst ab dem dritten Tag ein.

32

Allmer (1997) weist darauf hin, dass richtiges Erholen erst durch die Beachtung folgender drei Phasen gelingt. So ist ein Umschalten von Beanspruchung auf Erholung und umgekehrt möglich.

Richtiges Entspannen

1. Distanzierungsphase

In der Distanzierungsphase geht es darum, erst einmal Abstand zu vorangegangenen Beanspruchungen zu bekommen. Das bedeutet: aufhören zu grübeln, keine Gedanken mehr an den Job oder an kommende berufliche Belastungen, sich von den Ereignissen und Emotionen des Tages lösen usw.

Abstand gewinnen

Sicher haben Sie auch schon die Erfahrung gesammelt, dass sich Ihr „inneres Betriebskarussell" weiter dreht, wenn Sie sich einfach nur hinsetzen und Ihren Gedanken nachgehen. Sofort schießen alle unerledigten Dinge durch den Kopf oder es kommen Gedanken zu persönlichen wichtigen Themen. Es ist geradezu unerträglich, ruhig sitzen zu bleiben.

Um loslassen zu können, gibt es unterschiedliche Strategien: Der eine schafft es durch Entspannungs- und Ausgleichsgymnastik, der andere vor dem Fernseher, wieder ein anderer, indem er etwas macht, was seine ganze Aufmerksamkeit fordert.

Unterschiedliche Strategien

Wenig hilfreich ist der Wille, nicht an die Arbeit zu denken. Zu Verdeutlichung die folgende Übung:

Übung

Denke nicht an …

1. Geben Sie sich selbst den Auftrag, jetzt auf gar keinen Fall an ein „rosa Schwein" zu denken. Sie dürfen jetzt nicht an ein „rosa Schwein" denken. Beachten Sie: Nicht an das „rosa Schwein" denken.
2. Stellen Sie fest, wie gut Ihnen dieser Vorsatz gelingt.
3. Machen Sie sich bewusst, was Sie tun müssen, um diesen Vorsatz erfüllen zu können.

Tätigkeit mit Aufmerksamkeit nach außen

Sicherlich haben Sie feststellen können, dass es Ihnen nicht gelingt, den Vorsatz „nicht an das rosa Schwein zu denken" zu erfüllen. Stattdessen wird in Ihrem Kopf nur noch der Gedanke „rosa Schwein" kreisen. Manch einer fängt an, im Geist den Gedanken „durchzustreichen". Letztendlich gelingt Ihnen der Vorsatz nur, wenn Sie an etwas anderes denken. Der Vorsatz „nicht an etwas zu denken" ist Unsinn. Menschen haben immer etwas im Zentrum ihrer Aufmerksamkeit. Dies sind auch häufig Gedanken. Damit Sie von Gedankenkreisläufen loskommen, empfehlen wir Ihnen Tätigkeiten auszuüben, die Ihre ganze Aufmerksamkeit nach außen in Ihre Umwelt richten. Erst dadurch gelingt die Distanzierung und es ist möglich, leere Energiespeicher wieder aufzufüllen, das verkrampfte Muskelsystem zu entspannen, Gedanken neu zu ordnen oder seine emotionale Ausgeglichenheit wieder zu erlangen.

2. Regenerationsphase

Beginn der Erholungswirkung

In der Regenerationsphase tritt die Erholungswirkung ein. Wichtig ist zu wissen, wovon Sie sich erholen wollen. Echte Erholung muss sozusagen maßgeschneidert sein. Wer müde und ausgepowert ist, sollte still ausspannen, schlafen oder spazieren gehen. Wer viel mit Menschen zu tun hat und dadurch viele Kontakte pflegt, braucht eher eine Zeit für sich und liest vielleicht ein Buch. Wichtig ist, dass Sie von sich selbst wissen, womit Sie Energie auftanken können.

Stress abbauen

Wenn Sie ständig „unter Strom" – kurz gesagt: unter Stress – stehen, dann ist es für Ihr Gleichgewicht und Ihre Gesundheit wichtig, den eigenen Körper wieder von seinem erhöhten Aktivierungszustand herunterzubringen. Bei Stress kommt es zur erhöhten Ausschüttung des Hormons Adrenalin im Blut. Untersuchungen zeigen, dass noch 20 Minuten nach einer akuten Stresssituation Adrenalin im Blut nachweisbar ist und den Körper zur Bereitstellung von Energien veranlasst. Am Ende von „stressigen Arbeitssituationen" ist es deshalb besonders wichtig, das Adrenalin wieder abzubauen. Dies gelingt durch körperliche Bewegung, am besten durch Ausdauersportarten wie Jogging, Schwimmen, Radfahren oder Tanzen. Zirkuliert ständig zu viel Adrenalin im Körper, kann es leicht zu Stresserkrankungen kommen.

Wissenschaftlich bestätigt und medizinisch akzeptiert ist der Einsatz von Autogenem Training, um den eigenen Körper auf ein normales Energieniveau zu bringen und auch vorbeugend stressresistenter zu machen (vgl. Hoffmann 1995). **Autogenes Training**

Weniger hilfreich ist, sich in Aktivitäten zu stürzen, die im Endeffekt wenig Erholung bedeuten und weitere Energie verbrauchen. Das passiert dann besonders leicht, wenn Freizeit und Arbeit ineinander übergehen. Als Beispiele sind solche Hobbys zu nennen wie das ehrenamtliche Engagement im Verein, das einem zweiten Beruf gleich kommt. Ebenfalls kontraproduktiv ist ein nur konsum- und erlebnisorientiertes Freizeitverhalten, das keinen Raum zu innerer Ruhe und Selbstbesinnung gibt. Als warnendes Beispiel sei auch der Fall eines arbeitssüchtigen Mathematiklehrers (vgl. Breitenstein 1990, S. 141–142) genannt, dem der Arzt Tanzen als Hobby empfahl. Der Patient folgte dem Rat des Arztes: Er begann zu tanzen. Bald wurde er Turniertänzer – und eröffnete eine Tanzschule. Danach kam er wieder zum Arzt und klagte über – Stress! **Keine Erholung durch weitere Aktivitäten**

Übung

Energie gewinnen

Finden Sie für sich heraus, was für Sie Energiegewinn bedeutet. Im Folgenden finden Sie eine Liste von „angenehmen Ereignissen", die für die meisten Menschen positive Emotionen wie Freude, Interesse, Vergnügen, Lust, Entspannung und Wohlbefinden bringen:

- Sich im Freien aufhalten,
- sich mit Freunden unterhalten,
- ein Saunabesuch,
- in ein Lokal gehen,
- fernsehen,
- Musik hören,
- sportliche Betätigung,
- spazieren gehen,
- spielen,
- durch die Stadt bummeln,
- etwas Neues lernen,
- sich künstlerisch betätigen,
- ein Buch lesen usw.

Schulen Sie durch diese Übung Ihre Selbstwahrnehmung, damit Sie wissen und fühlen, was Ihnen gut tut und nicht, was Sie glauben, nun wieder tun zu müssen.

3. Orientierungsphase

Einstellen auf Beanspruchung Beenden Sie die Regenerationsphase nicht abrupt, springen Sie also nicht „wie von der Tarantel gestochen" auf und stürzen sich an die Arbeit. Geben Sie sich Zeit, sich wieder auf kommende Beanspruchungen einzustellen. Diese Übergangsphase ist vergleichbar mit dem Warming up des Sportlers oder dem morgendlichen Aufwachen.

Kein Erweiterungszwang Beachten Sie grundsätzlich, dass man Erholung nicht erzwingen kann. Sie können lediglich entsprechende Ausgangsbedingungen schaffen. Erholung ist ein so spontanes Phänomen wie das Einschlafen. Sie können sich schließlich auch nicht in den Schlaf „befehlen".

36

Fallbeispiel

Frau M. ist Sekretärin. Sie sitzt an Ihrem PC. Auf einmal spürt sie Schmerzen im Hals und Nacken. Weitermachen kostet Sie immer mehr Anstrengung und Konzentration, aber sie denkt: „Ich bin gerade so gut dabei. Wenn ich jetzt aufhöre, habe ich den Faden verloren." Dann: „Ich muss das jetzt zu Ende bekommen"– und macht weiter. Auch in anderen Situationen denkt sie stets „Ich kann jetzt keine Pause machen, sonst werde ich nicht fertig" und macht weiter, auch wenn es ihr dabei nicht gut geht.

Frau M. beschließt, künftig eine Pause zu machen, wenn sie diese Signale bemerkt, denn aus eigener Erfahrung weiß sie, dass ihr Tätigkeiten nach einer kurzen Pause in der Regel auch wieder viel leichter von der Hand gehen und dass es sogar schneller geht. Mit diesem Wissen motiviert Sie sich bewusst dazu, eine Kurzpause einzulegen statt pausenlos weiterzuarbeiten.

Ihr wird bewusst, dass sie viel konzentrierte und sitzende Arbeit am Bildschirm verrichtet. Erholung bedeutet für sie, sich zu bewegen und z. B. an der frischen Luft spazieren zu gehen. Sie verändert deshalb ihr übliches Freizeitverhalten und verzichtet auf Computerspiele. Der Effekt: Frau M. fühlt sich nun ausgeglichener.

Aktivitätenliste

1. Beobachten Sie, welche Warnsignale Ihnen persönlich zeigen, dass Sie gerade dabei sind, Ihre Energien zu überfordern. Beobachten Sie in den verschiedensten Situationen, welchen typischen Warnsignale Ihr Körper zeigt. Notieren Sie Ihre Gedanken:

---

2. Stellen Sie fest, wie Sie bislang reagieren, wenn Sie solche Signale bemerken. Was denken Sie? Was tun Sie dann? Beobachten Sie in verschiedenen Situationen, welche typischen Denk- und Verhaltensmuster Sie haben und notieren Sie Ihre Gedanken:

_____

_____

_____

_____

3. Finden Sie eine Einstellung, mit der es Ihnen gelingt, künftig positiver auf Ihre Warnsignale zu reagieren. Was können Sie konkret als Verhalten zeigen, um diesen Signalen zu begegnen. Notieren Sie Ihre Gedanken:

_____

_____

_____

_____

4. Planen Sie Ihre Erholung: Stellen Sie fest, wovon Sie sich erholen wollen (z. B. von intensivem Kontakt mit anderen Menschen, Bürostress, sitzender Tätigkeit) und handeln Sie danach. Notieren Sie Ihre Gedanken:

_____

_____

_____

_____

Die Unfähigkeit, sich schwach zu zeigen, und die Abhängigkeit vom Lob anderer

Merkmale: Äußere Stärke und der Hunger nach Anerkennung

Bei dieser zweiten Burnout-Ursache besteht eine gewisse Parallelität zu der oben beschriebenen. Auch hier sind betroffene Personen nicht in der Lage auf ihren Körper zu hören und danach zu handeln. Dies wurde besonders bei helfenden Berufen wie Ärzten, Pflegekräften, Geistlichen, Sozialarbeitern und Psychologen beobachtet und deshalb von Schmidbauer (1977) mit dem Begriff „Helfer-Syndrom" versehen. Die dahinter steckenden Gesetzmäßigkeiten sind aber auch auf andere Berufsgruppen übertragbar.

„Helfer-Syndrom"

Das Ergebnis der Fallanalysen bei Schmidbauer (1977, S. 12, 14, 15) zeigt, dass professionelle Helfer oft nicht in der Lage sind, eigene Gefühle und Bedürfnisse zu äußern. Auf der anderen Seite zeigten sie nach außen eine scheinbar allmächtige, unangreifbare Fassade. Schwäche und Hilflosigkeit, offenes Eingestehen emotionaler Probleme wurde nur bei anderen begrüßt und unterstützt. Gerade in der Beziehung zwischen Helfer und Klient fehlt die offene Gegenseitigkeit. Der Klient soll seine Bedürfnisse äußern und Befriedigungsmöglichkeiten für sie bekommen. Der Helfer muss die Äußerung seiner Bedürfnisse zurückstellen. Hinzu kommt, dass so genannte Helferpersönlichkeiten eine wenig ausgebildete Fähigkeit besitzen, erfüllbare Wünsche zu äußern. Wünsche werden eher angesammelt und dann als Vorwürfe gegen die Umwelt ausgesprochen, wenn nicht noch indirektere Wunschäußerungen überwiegen (z. B. die psychosomatische Krankheit als Appell um Zuwendung).

Helferpersönlichkeiten

Wunsch nach äußerer Bestätigung

Charakteristisch für die Helferpersönlichkeit ist außerdem die starke Abhängigkeit von äußerer Bestätigung. Es besteht ein sehr starkes Bedürfnis nach Lob und Anerkennung. Jede kleine Kritik wird als stark kränkend empfunden. Der Betroffene glaubt nur für das, was er tut, geliebt zu werden, nicht für das, was er ist. So ist er stets freundlich und gehorsam. Er ist bereit bis zur Selbstschädigung zu arbeiten, ohne sich selbst sagen zu können: „Das habe ich gut gemacht." Vielmehr bewegen ihn die bangen Fragen: Was war zu wenig? Was habe ich übersehen? Was habe ich falsch gemacht? Er ist – ohne es zuzugeben – hungrig nach den dankbaren Blicken, den anerkennenden Worten seiner Klienten oder Patienten. Doch jede Zuwendung befriedigt nicht wirklich.

Die innere Situation des Menschen mit dem Helfer-Syndrom lässt sich mit einem Bild beschreiben: Ein verwahrlostes, hungriges Baby hinter einer prächtigen, starken Fassade.

Maßnahmen: Sagen, was los ist, und sich selbst loben

Was Sie tun müssen:
- ■ Erkennen Sie, was hinter Ihrer Fassade ist, und beginnen Sie, es zu respektieren.
- ■ Entwickeln Sie Möglichkeiten, offen Wünsche und Gefühle auszudrücken.
- ■ Schaffen Sie sich Ihre eigenen Maßstäbe und halten Sie sich daran.

1. Schritt Hinter die Fassade schauen und eigene Gefühle respektieren

Hinter dem Helfer-Syndrom stehen bestimmte Einstellungen, die eine Person im Laufe ihres Lebens gelernt hat. Diese lassen sich kaum von heute auf morgen über Bord werfen. Wichtig ist, sie überhaupt zu kennen und damit bewusst umzugehen. Deshalb gilt es, wie auf S. 28–31 beschrieben, die eigenen Einstellungen in Worte zu fassen und nach neuen Einstellungen zu suchen. Besonders anfällig sind laut einer Untersuchung von Enger und Witte (1996) Personen mit folgenden Einstellungen:

Einstellungen kennen lernen

- ■ „Die Ursache für Misserfolge liegt in mir selbst." Es kommen Aussagen wie: „Ich denke oft über Fehler nach, die ich früher gemacht habe." „Ich gebe mir gewöhnlich selbst die Schuld, wenn sich Dinge nicht gut entwickeln." „Nur, wenn ich eine Menge vollbracht habe, fühle ich mich wertvoll."
- ■ „Ich bin selbst nichts wert." Es kommen Aussagen wie: „Ich kann es nicht ertragen, andere Leute um etwas zu bitten." Wenn ich meine Probleme nicht lösen kann, fühle ich mich als Versager." „Ich denke oft, ich bin ein Versager." „Ich fühle mich manchmal wertlos."

Grundsätzlich besteht die Entwicklung darin, Abstand zu nehmen von der Vorstellung, immer nur der Starke sein zu müssen, und sowohl vor sich als auch vor anderen zuzulassen, dass man sich selbst oft hilflos oder belastet fühlt.

Auch Schwäche zulassen

41

Schwäbisch und Siems (1992, S. 52–70) weisen darauf hin, dass wir häufig so erzogen worden sind, dass wir uns viele Gefühle verbieten und deshalb versuchen, sie zu unterdrücken. Wir akzeptieren nicht unsere Fröhlichkeit, wenn wir meinen, dass es dafür keinen Grund gibt. Wir akzeptieren unsere Traurigkeit nicht, wenn wir meinen, nicht traurig sein zu dürfen usw. Gerade deshalb unterdrücken wir Gefühle und versuchen sie erst gar nicht zu registrieren. Auf diesem Weg gelingt es jedoch nicht, Probleme zu lösen.

Gefühle aussprechen Durch Unterdrückung lassen sich Gefühle nicht bewältigen. Wenn z. B. ein Mensch über längere Zeit seinen Ärger immer wieder in sich hineinfrisst, kommt es zu einem „Gefühlsstau", der sich irgendwann explosionsartig in einem Streit entlädt. Danach fühlt man sich noch schlechter und nimmt sich vor, sich künftig noch mehr zu beherrschen.

Ärger und Agression ernst nehmen Lernen Sie Emotionen als Kommunikation Ihres Körpers mit Ihrem Verstand zu begreifen. So zeigen Ihnen Ärger und Aggression sicher, wenn wichtige Bedürfnisse unerfüllt bleiben. Goldhor-Lerner (1993, S. 9) betont: Ärger und Wut sind ein Gefühl. Sie haben immer ihre Gründe und verdienen unsere Achtung und unsere Aufmerksamkeit.

Hören Sie deshalb auf zu fragen „Ist mein Ärger überhaupt berechtigt? Was nützt mir schon, wenn ich wütend werde?" Oder: „Was kann ich schon mit meiner Wut ändern?" Mit solchen Fragen können wir uns wunderbar selbst beschwichtigen und unsere Wut – und alle Wünsche nach Veränderung – beiseite schieben.

Denken Sie daran:
- Es gibt keine falschen oder richtigen Gefühle.
- Jeder hat ein Recht auf seine Gefühle.
- Zur gleichen Zeit kann es in uns auch widersprüchliche Gefühle geben.

Übung

Eigene Gefühle, Wünsche und Bedürfnisse entdecken

Da es für diese Burnout-Ursache typisch ist, eigene Gefühle, Wünsche und Bedürfnisse beiseite zu schieben, ist es als Erstes wichtig, diese bewusst wahrzunehmen und die Hintergründe dafür zu kennen. Gehen Sie deshalb die folgenden Punkte durch und notieren Sie Ihre Erkenntnisse.

1. Achten Sie in den nächsten Tagen ganz bewusst darauf, was Sie für Gefühle, Wünsche und Bedürfnisse haben und wie Sie damit umgehen, z. B. dass Sie sich selbst sagen „Das darfst du nicht haben."

2. Wenn Sie Ihren Umgang mit Gefühlen erkannt haben, fragen Sie sich als Nächstes, wie Sie das gelernt haben. Wer hat Ihnen gesagt, dass Sie so mit ihren Gefühlen umgehen müssen? Welche Vorbilder haben Sie? Welche Vorteile bringt es Ihnen, so zu agieren?

2. Schritt   Offener Ausdruck von Wünschen und Gefühlen
Nachdem Sie wissen, wie Sie üblicherweise mit Ihren Bedürfnissen bzw. Gefühlen umgehen und die Hintergründe dafür kennen, besteht der nächste Schritt darin, Gefühle auch in Worten auszudrücken. Doch dies ist in der Regel mit Angst verbunden. Vielleicht haben Sie selbst erlebt oder bei anderen beobachtet, wie offene Gefühlsäußerungen Reaktionen der Verachtung oder Peinlichkeit oder zumindest ein Lächeln hervorriefen. Eng verknüpft mit Gefühlsäußerungen ist auch die Befürchtung, sich angreifbar zu machen. Seine Gefühle direkt und deutlich zu zeigen bedeutet, zur eigenen Person zu stehen. Es muss nicht immer bedeuten, dass wir diese Gefühle auch befürworten, aber wir akzeptieren die Tatsache, dass wir ein bestimmtes Gefühl haben. Mit einem solchen eindeutigen Bekenntnis geben wir anderen Menschen die Möglichkeit zur Kritik an unserer Person (vgl. Schwäbisch und Siems 1992, S. 54–55).

Gefühle akzeptieren

Qualität zwischenmenschlicher Begegnung

Wir möchten Ihnen an dieser Stelle Mut machen, Ihre Wünsche, Bedürfnisse und Gefühle offen auszudrücken. Fangen Sie an, Ihre Erfahrungen damit zu machen, wie dadurch die zwischenmenschliche Begegnung an Qualität gewinnt. Offenheit öffnet Türen und schafft Ihnen persönlichen Freiraum.

Aus Angst sagen wir häufig nicht, was uns im Inneren bewegt, und nehmen uns gerade dadurch jede Chance.

Wie machen es andere?

Vielleicht besteht Ihr erster Schritt in diese Richtung darin, bei anderen Menschen zu beobachten, wie diese Ihre Gefühle ausdrücken. Wie schaffen es andere, Gefühle nach Umsorgtsein und Hilfe oder persönliche Schwäche auszudrücken? Beobachten Sie, wie Kollegen mit bestimmten Situationen umgehen, z.B. ob eine Pflegekraft mitweint, wenn der Patient keine Hoffnung mehr hat, statt „cool" und abgebrüht zu sagen: „Wir tun, was wir können." Testen Sie die Wirkung.

Ich-Botschaften

Gefühle auszudrücken bedeutet – wie erwähnt – zur eigenen Person zu stehen. Dabei gibt es grundsätzlich zwei Arten, dies zu tun. Einerseits kann man Gefühle indirekt ausdrücken. Kennzeichnend dafür ist, dass der Sprecher mehr über die andere Person spricht als über sich selbst. Häufig nimmt er dabei seine Gefühle als Eigenschaften anderer wahr. Das führt zu Vorwürfen, Anklagen, Beschwerden statt zu offener Kommunikation. Andererseits kann man seine Gefühle mit so genannten Ich-Botschaften direkt ausdrücken. Eigene Gefühle werden direkt ausgesprochen. Das Wort Ich ist dabei ein guter Anzeiger, ob jemand von seiner Gefühlslage direkt spricht. Dadurch ergibt sich die Chance für eine offene Begegnung (vgl. Schwäbisch und Siems 1992, S. 58–59).

In der folgenden Tabelle finden Sie Beispiele zum indirekten und direkten Ausdruck von Gefühlen.

Indirekter Ausdruck von Gefühlen	*Direkter Ausdruck von Gefühlen*
„Nun seien Sie mal nicht traurig, das kriegen wir schon wieder hin."	„Ich verstehe Ihre Traurigkeit, mir an Ihrer Stelle würde es auch so gehen."
„Sie hören mir nie zu."	„Ich ärgere mich, wenn ich Ihnen etwas erzähle und Sie mit anderen Dingen beschäftigt sind."
„Du bist unsensibel."	„Ich brauche mehr Einfühlung von dir."
„Ab und zu passiert es, dass man bei Aufregung rot im Gesicht wird."	„Wenn ich aufgeregt bin, werde ich rot im Gesicht."

Übung
Gefühle direkt ausdrücken

1. Üben Sie in der nächsten Zeit, die Verantwortung für Ihre Gefühle und Bedürfnisse zu übernehmen und diese in der Ich-Form direkt auszudrücken. Beginnen Sie damit am besten in einem Kreis von Leuten, die Ihr Vertrauen genießen und die Sie in Ihr Vorhaben einweihen. Auf diese Weise haben Sie auch die Gelegenheit darüber zu sprechen, wie dieses neue Verhalten bei Ihrem Gegenüber ankommt.
2. Beobachten Sie außerdem ganz bewusst, wie andere Menschen – z. B. Ihre Arbeitskollegen – Gefühle und Bedürfnisse direkt ausdrücken. Entdecken Sie die Möglichkeiten, die an Ihrem Arbeitsplatz bestehen, und wenden Sie diese selbst an.

Machen Sie sich bei Ihren nächsten Schritten bewusst: Oft hemmen uns Einstellungen wie „Ich möchte, dass mich jeder mag", „Ich will keinen Streit, mir ist Harmonie wichtig" oder „Ich möchte nicht, dass jemand was Schlechtes über mich denkt" daran, das auszudrücken, was uns an Wünschen und Gefühlen auf dem Herzen liegt.

Hemmungen erkennen

45

3. Schritt *Eigene Maßstäbe entwickeln und sich daran halten*

Positives Selbstbild entwickeln

Wenn Sie zu den Menschen gehören, die sich in dieser Burnout-Ursache wiederfinden, werden Sie stark von der Anerkennung anderer Menschen abhängig sein. Sie fühlen sich nur in Ihrem Verhalten, Ihrer Person und Ihrem Dasein berechtigt, wenn Ihnen andere Menschen dies häufig genug bestätigen. Folgende Übung kann Ihnen helfen, ein positives Selbstbild zu entwickeln, weil Sie sich nicht mehr an den Maßstäben anderer, sondern an Ihren eigenen Maßstäben messen.

Übung
Eigene Maßstäbe ergründen

1. Notieren Sie:
▪ Woran messe ich, ob etwas gut oder schlecht gelaufen ist?
▪ Wie habe ich diese Maßstäbe erworben? Wer hat sie mir vermittelt? Von wem habe ich sie übernommen?
▪ Sind diese Maßstäbe noch zeitgerecht bzw. aktuell?
Entwickeln Sie anschließend Ihre eigenen Maßstäbe: Wann sind Sie mit sich zufrieden? Wo setze ich wie meine Grenzen?

2. Klären Sie die Fragen:
▪ Was ist im Rahmen meiner Möglichkeiten das Beste, was ich bei einer Aufgabe tun kann?
▪ Woran erkenne ich selbst, dass ich mit einer erledigten Aufgabe zufrieden sein kann?

Fallbeispiel

Ein bekannter Talkmaster wurde einmal gefragt, wie er es schafft, mit Misserfolgen bei seinen Sendungen umzugehen. Seine Antwort: „Ich mache mir klar, dass ich mich intensiv auf die Sendung vorbereitet habe und von meiner Seite das Beste gegeben habe."

Diesem Talkmaster ist es gelungen, einen eigenen Maßstab zu entwickeln. Er weiß aus der Vielzahl von Sendungen und der jeweiligen Vorbereitung, was er erreichen kann. Dadurch schafft er sich innerlich Abstand von Misserfolgen statt an der mangelnden Anerkennung zu zerbrechen.

Möglicherweise hat er für sich aufgrund eigener oder fremder Erfahrungen definiert: „Wenn ich in 70 % der Fälle Sendungen produziere, die den Zuschauern gefallen, dann kann ich zufrieden sein." So hat er sich davon frei gemacht, jedes Mal hundertprozentige Anerkennung zu bekommen, was ohnehin unrealistisch ist.

> *Halten Sie sich vor Augen: Die Abhängigkeit von der Anerkennung anderer treibt Sie zu einem ständigen Leistungszwang, der Ihre Kräfte verzehrt (vgl. S. 40).*

Aktivitätenliste

1. Wenn Sie dazu neigen, eigene Gefühle, Wünsche und Bedürfnisse für sich zu behalten, finden Sie heraus, in welchen Situationen Sie dies tun und wie Sie dieses Verhalten gelernt haben. Welchen Gewinn haben Sie davon, nach außen als der/die Starke dazustehen? Notieren Sie Ihre Gedanken.

_____

_____

_____

_____

_____

2. Entwickeln Sie eine Einstellung, mit der es Ihnen leichter als bisher fällt, Ihre Gefühle, Wünsche und Bedürfnisse zu akzeptieren und anderen mitteilen zu können. Notieren Sie, wie diese Einstellung lauten könnte.

_____

_____

_____

_____

3. Übernehmen Sie die Verantwortung für Ihre Gefühle, Wünsche und Bedürfnisse, indem Sie diese direkt und in der Ich-Form anderen Menschen mitteilen. Notieren Sie, welche konkreten Gefühle, Wünsche und Bedürfnisse Sie in den nächsten Tagen welcher Person mitteilen möchten.

_____

_____

_____

_____

4. Überwinden Sie die Vorstellung, dass Sie sich nur durch die Anerkennung anderer Menschen als wertvoll einschätzen können. Notieren Sie, woran Sie selbst erkennen, dass Sie eine gute Leistung erbracht haben. Wie merken Sie, dass Sie zufrieden sein können? Schreiben Sie für verschiedene Lebensbereiche Ihre eigenen Maßstäbe auf.

_____

_____

_____

_____

Emotionale Schwerstarbeit

Merkmale: Kein Bedarf mehr an Kontakten zu Menschen

Charakteristisch für die dritte Burnout-Ursache ist der emotionale Energieverlust. Berufsgruppen, deren Tätigkeit sich durch einen intensiven Kontakt mit anderen Menschen auszeichnet, sind hier besonders gefährdet. Sie leisten sozusagen „emotionale Schwerstarbeit". Pines, Aronson und Kafry (1989, S. 25) sehen „Ausbrennen" als das Resultat andauernder und wiederholter emotionaler Belastung im Zusammenhang mit langfristigem, intensivem Einsatz für andere Menschen. Gefordert wird intensive Anteilnahme, vor allem in den Berufen der Gesundheitserziehung und der öffentlichen Dienste, deren Angehörige sich in vielen Fällen dazu „berufen" fühlen, sich um die psychischen, sozialen und physisch-materiellen Probleme anderer Menschen zu kümmern. Ihr Burnout ist die schmerzliche Erkenntnis, dass sie diesen Menschen nicht mehr helfen können, dass sie nichts mehr geben können und sich völlig verausgabt haben.

Emotionale Belastung

Pines, Aronson und Kafry (1989, S. 60–67) richten besonders den Blick auf die Ursachen des Burnout in so genannten helfenden Berufen(siehe auch S. 39–41). Sie fanden die drei folgenden klassischen Ausgangsbedingungen:

Helfende Berufe

- *Emotional belastende Arbeit:* In allen helfenden Berufen arbeiten Menschen in emotional belastenden Situationen mit anderen Menschen. Gefragt sind sowohl Fachkenntnis als auch persönliches Interesse. So müssen z.B. Ärzte den menschlichen Körper erforschen, untersuchen und in ihn hineinschneiden, sie müssen sich mit der Angst, dem Zorn, der Hilflosigkeit und der Verzweiflung ihrer Patienten auseinandersetzen, sich in Notfällen bewähren. Belastung kommt auch dadurch zustande, dass z. B. Krankenschwestern auf Leukämiestationen für Kinder täglich die Leiden ihrer kleinen Patienten mit ansehen müssen, ohne etwas tun zu können, oder dass z. B. eine Familienberaterin die Gewalttätigkeit und destruktiven Lebensbedingungen in Klientenfamilien miterleben muss.

- *Einfühlungsbegabte Menschen:* Helferberufe wählen meistens Menschen, die besonders viel Einfühlungsvermögen haben. Sie wollen Menschen in Not helfen und sind sehr empfindsam für mitmenschliches Leiden. Persönliche Lebensgeschichten intensivieren ihr Mitgefühl, aber auch ihr Mit-Leiden.

- *Klientenzentrierte Orientierung:* Im Zentrum des Interesses stehen die Menschen, denen Hilfe zuteil werden soll. Ihre Bedürfnisse definieren die Rollen der verständnisvollen, unterstützenden Helfer. Deren Existenz ist nur so lange gerechtfertigt, wie sie von Nutzen sind. Nur die Gefühle der Klienten sind legitim. Die Helfer geben, die Klienten empfangen.

Call Center Seit Mitte der 90er-Jahre richtet sich im Zusammenhang mit Burnout immer mehr der Blick auf die neue Berufsgruppe des Call Center Agents. Gerade Agents, die an fünf Tagen in der Woche acht Stunden arbeiten und täglich in einer Hotline zwischen 80 und 120 Telefonate führen, gelten als besondere Risikogruppe. Bei noch höherer Annahme von Telefonaten sind Agents innerhalb kürzester Zeit „verheizt"; das zeigt die Erfahrung von Insidern. Nach einem halben bis einem Jahr tritt mit hoher Sicherheit eine Telefonmüdigkeit ein. Meistens machen die Betroffenen unbemerkt weiter, drosseln aber ihr Engagement: Sie nehmen sich längere Pausen, schalten sich öfter einmal aus der Leitung heraus – bis vielleicht der Vorgesetzte zur Ordnung ruft.

Folgen Fallberichte machte deutlich: Im Umgang mit Kunden und Kollegen wächst die schnelle Gereiztheit und Unfreundlichkeit. Die Abneigung gegen Telefonieren wird immer größer. Betroffene klagen auch über zunehmende Konzentrationsschwäche und mangelnde Bereitschaft, sich in den Kunden hineinzuversetzen. Irgendwann werden das Telefon, das Klingeln oder das Wort „Telefonieren" zum „roten Tuch". Privat wird nur noch im Notfall telefoniert und der Anrufbeantworter ist im Dauereinsatz. Im Berufsalltag wird jede Annahme eines Gesprächs immer mehr zu einem innerlichen Kraftakt, weil man das eigentlich nicht mehr will.

Was anfangs für viele Herausforderung und Motivation bedeutet – sich nämlich auf die verschiedensten Kunden und ihre Reaktionen einzustellen –, wird für viele Mitarbeiter zur Qual. Ständig gilt es, auf den Kunden mit seinen Forderungen, Erwartungen, seiner Willkür und auch seinen Anfeindungen zu reagieren. Betroffene fühlen sich ausgesetzt und ausgeliefert. Doch es gibt keine Chance aufzuhören. Das Telefon klingelt ständig. Aber es wird auch das genaue Gegenteil berichtet. 100%ige Routine nervt. Die Fragen sind immer dieselben. Ein und dieselbe Antwort wird Hunderte, sogar Tausende Male gegeben.

Der Beruf wird zur Qual

Wenn weder der Agent selbst noch der Vorgesetzte etwas unternehmen, ist der Mitarbeiter nach etwa drei Jahren komplett ausgebrannt. Gibt es intern keine Arbeitsalternative, bleibt nur noch die Kündigung. Das ist Alltag in deutschen Call Centern: Die hohe Fluktuationsrate von 25% beweist es (vgl. Middendorf und Hildebrandt, 2000, S. 53), wenngleich nicht immer Burnout als Kündigungsgrund zu identifizieren ist.

Hohe Fluktuationsrate

> *Der Mitarbeiter brennt häufig dann aus, wenn er fachlich am besten ist und somit dem Kunden und der Firma den größten Nutzen bietet.*

Vom Prinzip ähnlich verhält es sich auch in anderen gefährdeten Berufsgruppen: Genannt seien z. B. Telefon-Verkäufer bzw. Außendienstler, Lehrer bzw. Trainer. Letztere stehen stets unter Zwang, andere zum Lernen zu motivieren und sich auf die verschiedenen Erwartungen und Teilnehmer einzustellen. Früher oder später kommt der Punkt, wo das alles zu viel wird. Wichtigste Erkennungsmerkmale sind auch hier der Eindruck, dass man nichts mehr geben kann, dass man innerlich ausgelaugt ist

Ähnliche Berufsgruppen

und keine Lust mehr hat. Die Sehnsucht wird immer größer, keinen Menschen mehr zu sehen und zu hören und am liebsten eine Auszeit zu nehmen. In den Reigen der besonders Betroffenen könnte man auch die Berufsgruppen eingliedern, die „auf Knopfdruck" kreativ sein müssen: z. B. Journalisten oder Werbefachleute. Deren emotionale Energie geht jedoch weniger durch den intensiven Kontakt mit anderen Menschen verloren; sie fühlen sich stattdessen auf kreativer Ebene ausgebrannt und ausgelaugt.

Maßnahmen: Auszeit nehmen und andere Tätigkeiten zum Ausgleich ausführen

Was Sie tun müssen:
- *Gehen Sie aus der Anonymität heraus und sprechen sie über das, was Sie belastet. Anderen geht es genauso.*
- *Bemühen Sie sich um distanzierte Anteilnahme.*
- *Schaffen Sie eine Balance zu Ihrer emotional anspruchsvollen Tätigkeit.*

Zusammengefasst liegt das Hauptproblem bei dieser Burnout-Ursache darin, dass Personen zu viel emotionale Energie in ihre Tätigkeit investieren. Auf der anderen Seite gilt es, sich immer wieder auf andere Menschen einzustellen und sich mit deren Anforderungen auseinander zu setzen. Dabei gibt es auf den ersten Blick keine Chance aufzuhören.

Auswege erkennen Betroffene merken meistens selbst, was Ihnen gut tun würde. Wie das Beispiel der Aussage eines betroffenen Call Center Agents zeigt: „Ich möchte mal ein bisschen raus, auch wenn es nur drei bis vier Wochen sind, einfach mal was anderes machen, auch wenn ich ganz stupide irgendwelche Serienbriefe schreibe. Ich muss raus!" Hilfreich wäre eine Auszeit zu nehmen, Abstand zu bekommen, einmal etwas anderes zu machen oder sich einfach die eigene Gefühlslage von der Seele zu reden. Nur meistens lässt es die berufliche Situation nicht zu oder Vorgesetzte haben kein Verständnis dafür.

Deshalb besteht die Hauptmaßnahme darin, intern oder für sich selbst Strukturen zu schaffen, die es erlauben, dass die emotionale Energie nicht „in den roten Bereich" gerät. Urlaub allein reicht nicht.

Strukturen schaffen

1. Schritt   *Heraus aus der Anonymität. Über das sprechen, was belastet*

Pines, Aronson und Kafry (1990, S. 47) stellten im Verlauf ihrer Seminare, Vorträge und Arbeitsgruppen fest, dass allein schon die Identifizierung des Begriffs „Ausbrennen" therapeutischen Wert für die Teilnehmer hatte: „Also ist es Ausbrennen. Und ich dachte, es liegt an mir", kam als typische Reaktion. Betroffene glauben häufig, dass es nur ihnen allein schlecht geht. Sie ahnen nicht, dass andere ähnlich empfinden, und sehen bei sich persönliches Versagen und fürchten Arbeitsplatzverlust, Gruppendruck im Team oder Kritik vom Vorgesetzten, wenn sie über ihr „emotionales Ausgelaugtsein" sprechen.

Begriffliche Klarheit

Der erste und zugleich auch schwerste Schritt ist, selbst die Initiative zu ergreifen und aus der Anonymität herauszugehen. Machen Sie auf Ihre eigene Situation aufmerksam, suchen Sie sich Gleichgesinnte und öffnen Sie auf diesem Weg die Chance für Lösungen. Entdecken Sie so, dass Sie nicht allein sind, tauschen Sie Ihre Erlebnisse und Erfahrungen aus und erkennen Sie, dass viele Menschen das Gleiche erleben wie Sie selbst.

Von eigenen Erfahrungen reden

Fallbeispiel

Kommentar einer Call Center Agentin: „Man muss darauf achten, dass man es selbst sieht und bemerkt. Dass man selbst was sagt. Es würde kein Vorgesetzter von selbst kommen und sagen ‚Ich glaube, Sie sind telefonmüde‘. Die denken eher: ‚Die sagt ja nichts, der geht's wohl Spitze‘. Man muss Eigeninitiative zeigen und die Warnsignale selbst analysieren können: Woher kommt denn das? Wieso bin ich so gereizt? Das war doch früher nicht so.“

Raum zur Aussprache Da der intensive Umgang mit Menschen auch stets persönliche Belastungen mit sich bringt, ist es wichtig, einen Raum zu schaffen, um über schwierige Kunden zu sprechen und sich von der Seele zu sprechen, was belastet. Solch einen Raum gibt es jedoch in Unternehmen oder Krankenhäusern meistens nicht. Höchstens dann, wenn es schon zu spät ist und die Krise unbedingtes Eingreifen erfordert. Häufig finden Mitarbeiter nach unserer Erfahrung nur in Seminaren den Raum für Erfahrungsaustausch. Dabei ist das Gespräch über die eigene seelische Belastung eher sekundär. Vielmehr geht es um Themen wie „Verbesserung der Kundenorientierung“.

Fallbeispiel

Im Seminar für Call Center Agenten einer Mobilfunk-Hotline ging es darum, wie man dem Kunden am Telefon „unangenehme Wahrheiten“ sagen soll. Eine Call Center Agentin berichtete von dem Fall, dass sie ein Kunde angebrüllt hätte, weil er schon mehrfach mit anscheinend falschen Angaben hingehalten wurde. Es war ein sehr emotionales Gespräch und die Agentin äußerte viel Verständnis, entschuldigte sich und bot auch noch „Frei-Einheiten“ als Wiedergutmachung an. Das Gespräch endete trotzdem damit, dass der Kunde sagte, er werde jetzt den Vertrag kündigen.
Diese Situation hatte sie so bewegt, dass sie immer wieder darüber nachdenken musste, was sie falsch gemacht hatte und sich auch zu Hause immer wieder damit beschäftigte und über Ihre Erfahrung noch im Seminar mit zittriger Stimme und innerem Aufgewühltsein sprach.

Wir haben den Eindruck, über Burnout wird von Verantwortlichen zwar oft hinter vorgehaltener Hand geredet, aber es werden weder Zeiten noch Gelder losgeeist, um etwas dagegen zu unternehmen. Die Menschen funktionieren in der Regel auch so noch ganz gut und es zählt wenig, was ein „burnout-geschüttelter Mitarbeiter" das Unternehmen kostet.

Ein Mitarbeiter, der aufgrund von Burnout geht, kostet viel Geld. Denn ein neuer Kollege muss gefunden, vielleicht zusätzlich qualifiziert und eingearbeitet werden. Rechnen Sie die Kosten einmal aus.

Halten Sie sich stets folgendes Bild vor Augen: Unsere Psyche ist wie ein Sack. Wenn man immer wieder etwas hineinsteckt, ohne es herauszulassen, platzt er irgendwann.

2. Schritt Distanzierte Anteilnahme

Burnout entsteht – wie erwähnt – dadurch, dass man sich zu sehr in Kunden und Klienten einfühlt, sozusagen in deren Haut lebt und das Gleiche miterlebt. Als Nebenprodukt kann es leicht zu Illoyalität gegenüber der eigenen Firma kommen, wenn z. B. der Mitarbeiter zum verärgerten Kunden sagt: „Sie haben Recht. Das Kleingedruckte in unserem Vertrag ist wirklich unverständlich formuliert. Ich verstehe Ihren Ärger, ich hätte es auch nicht verstanden." Zu viel Einfühlung führt zum Verlust der Objektivität und der Fähigkeit zur optimalen Hilfestellung, wenn z. B. der Sozialarbeiter zum Alkoholkranken sagt „Na gut, ich suche Ihnen eine Wohnung. In ihrem Zustand ist das wirklich sehr schwierig", obwohl aus fachlicher Sicht der Klient selbst aktiv werden sollte. Auch medizinisch verlässliche Urteile oder medizinische Maßnahmen werden schwierig, wenn z. B. der Arzt in einem Unfallopfer zu sehr sein eigenes Kind wieder erkennt und sich plötzlich wie der Vater fühlt.

Verantwortliche reagieren verharmlosend

Verlust der Objektivität

Zu große Distanz Als Gegenpol zur Einfühlung ist innere Distanz und damit Selbstschutz zu sehen. Doch Distanz kann schnell auf Kunden bzw. Klienten abstoßend wirken: „Der will nichts mit mir zu tun haben" oder „der ist kalt wie ein Fisch!" Ist die innere Distanz zu groß, reicht die verbliebene Anteilnahme nicht mehr aus, um sich zu vollem Einsatz zu motivieren. Kritisch wird es, wenn innere Distanz bei Ihnen zum Dauerzustand wird.

Distanz als Selbstschutz ist jedoch empfehlenswert bei Kunden bzw. Klienten, die durch persönliche Anfeindungen, Bedrohungen, überzogene Forderungen Ihre Kräfte beanspruchen.

Um sich in solchen emotionalen Situationen vor Angriffen zu schützen, machen Sie sich klar:

- Der andere fühlt sich aus seiner Sicht voll im Recht. Möglicherweise vergreift er sich dabei im Ton. Aber könnte Ihnen das nicht in anderen Situationen auch so gehen?
- Distanzieren Sie sich innerlich: Der regt sich nicht über mich persönlich auf, sondern spricht mich als eine Person an, die eine bestimmte Rolle einnimmt.
- Ich kann nur dort selbst getroffen werden, wo ich meine „Achillesferse" habe: Das geschieht, wenn Sie z.B. wissen, dass Ihr Versäumnis die Ursache des Angriffs ist.
- Sie haben auch die Möglichkeit, sich bei zu starken Attacken dadurch abzugrenzen, dass Sie Ihr Bemühen um eine Lösung deutlich machen, sich aber gleichzeitig gegen den Ton verwahren, indem Sie z. B. als Ich-Botschaft sagen: „Ich möchte Ihnen gerne helfen. Wenn Sie aber in diesem Ton mit mir reden, habe ich dazu keine Lust mehr."

Pines, Aronson und Kafry (1990, S. 68–74) führen verschiedene Verhaltensweisen auf, die zwar Distanz fördern,
aber auf Ratsuchende unmenschlich wirken:

Unmenschlich
wirkende Reaktionen

- *Räumliche Distanz.* Durch Möbel oder Handlungen
  wird Abstand geschaffen: die Barriere Schreibtisch, das
  Vermeiden des Händeschüttelns oder das Stehenblei-
  ben im Türrahmen, statt sich zum Bett des Patienten
  zu begeben. Distanz lässt sich auch auf dem Umweg
  über die Zeit erreichen, indem die Zeit des direkten
  Kontaktes auf ein Minimum reduziert wird. Mit längeren Arbeitspausen, immer mehr Schreibtischarbeit,
  frühzeitigem Weggehen und Abwesenheit kann man
  sich ebenfalls körperlich distanzieren.
- *Emotionale Distanz.* Personen gewinnen Abstand, in
  dem sie innerlich Mitleid, Wärme und Einfühlung
  „abschalten". Andere wollen einfach zu Hause nichts
  mehr von der Arbeit hören und schon gar nicht darüber reden.
- *Psychologische Zurückhaltung.* Verschiedene Einstellungen schützen vor übermäßiger Beteiligung: Bei einem Krankheitsfall wird nicht mehr die Person, sondern nur noch der Fall bzw. das medizinische Krank-
  heitsbild gesehen. Man spricht auch nicht mehr mit
  den Namen über Patienten, sondern von der „Niere"
  auf Zimmer 202. Mit Humor und komischen Ge-
  schichten über Klienten wird ebenfalls Abstand geschaffen. Eine weitere Möglichkeit ist, sich strikt an
  vorgegebene Regeln zu halten, die die Beziehungen zu
  den Empfängern der geleisteten Hilfe definieren.

Folgende Übung hilft Ihnen, Ihre persönliche Balance für Anteilnahme und Distanz zu entwickeln und in Verhaltensweisen auszudrücken.

Übung

Balance zwischen Anteilnahme und Distanz finden

1. Weder der Pol „Anteilnahme" noch der Pol „Distanz" allein sind richtig. Es geht um die Balance. Üblicherweise ist ein Pol besonders gut entwickelt, der andere kommt zu kurz. Entdecken Sie als Erstes, welcher Pol bei Ihnen das größere Gewicht hat. An welchen Verhaltensweisen bzw. Einstellungen erkennen Sie das konkret?

2. Klären Sie als Nächstes für sich folgende Fragen: Aus welchem Grund tendieren Sie besonders nach der einen Richtung? Wieso ist es Ihnen wichtig? War es immer so? Hat es sich erst in letzter Zeit entwickelt? Gab es einen Wendepunkt? Geschieht das in allen Lebensbereichen so oder nur während der Arbeit bzw. im Privatleben?

3. Wenn Sie die Hintergründe für Ihr Verhalten besser kennen, machen Sie sich bewusst, wie Sie dem anderen „unterentwickelten" Pol Rechnung tragen können. In welchen Situationen werden Sie künftig mehr im Sinne des anderen Pols denken und handeln?

Fallbeispiel

Frau B. ist selbstständige Krankengymnastin. Sie weiß, dass sie sich leicht von den Wünschen ihrer Patienten „aufsaugen" lässt. Wenn Sie Hausbesuche bei älteren Patienten macht, übernimmt sie noch verschiedene Handgriffe im Haus und „leiht" ihnen intensiv „ihr Ohr". Ihr fällt es schwer nein zu sagen, obwohl sie auch merkt, wie viel Kraft es sie kostet. Aber sie tut es trotzdem, weil sie von ihrer Oma weiß, wie einsam, allein und hilflos sich alte Leute häufig fühlen. Sie selbst würde sich im Alter auch wünschen, dass Menschen zuhören und ihr helfen (= Überentwicklung des Pols „Anteilnahme").

Auf der anderen Seite weiß sie, dass ihr nur die Behandlungszeit bezahlt wird und sie dadurch häufig auch andere Patienten warten lässt, was diese verärgert. Sie müsste sich deshalb künftig mehr distanzieren bzw. Grenzen setzen (= Entwicklung des Pols „Distanz") und sie beschließt, sich künftig zehn Minuten als Zeitraum zuzugestehen, in der sie den älteren Menschen ihre unbezahlte Zeit schenkt. Bisher konnte es auch eine halbe Stunde und mehr werden. In dieser begrenzten Zusatzzeit will sie voll für den alten Menschen da sein. Damit tut sie schon mehr als andere.

3. Schritt   Balance zu der emotional anspruchsvollen Tätigkeit schaffen

Da Burnout durch den sehr intensiven Kontakt mit anderen Menschen entsteht, ist es wichtig firmenintern einen ausgleichenden Pol zu schaffen. Verschiedene Möglichkeiten bieten sich an.

Firmeninterne Lösungen

Zeit zum Ausspannen bei der Arbeit. Als Soforthilfe im eigenen Arbeitsalltag reicht es manchmal auch einfach aus, sich für einen Moment zurückziehen zu können und über eine Situation nachzudenken, eine Minute Zeit zum Durchatmen zu haben, um so nach Belastungen wieder Kraft zu haben. Arbeitspausen sind aber genauso wichtig. – Das mag banal klingen, scheint aber in der Praxis wenig realisierbar. Im Pflegebereich ist eine Kraft für etliche Patienten und Aufgaben gleichzeitig zuständig. Bei Call

Pausen

Center Hotlines rufen manchmal so viele Personen gleichzeitig an, dass für die Mitarbeiter praktisch nicht einmal die Gelegenheit besteht zur Toilette zu gehen, weil dadurch die Servicequalität bzw. Erreichbarkeit am Telefon reduziert wird.

Breiteres Tätigkeitsfeld *Abwechslung durch Mischtätigkeit.* Wenn ein Wechsel zwischen administrativer Arbeit und Arbeit mit Menschen ermöglicht wird bzw. jemand ein insgesamt breiteres Tätigkeitsfeld hat, sorgt dies dafür, dass kein Ausbrennen eintritt.

Arbeits-„Teilung" *Verteilung der Arbeit auf mehrere Schultern.* Wenn eine Arbeit stark zu Burnout beiträgt, ist es wichtig, diese Arbeit auf mehrere Schultern zu verteilen, um so die Gesamtlast zu verringern. Und dies umso mehr, je schwerwiegender die Probleme von Patienten und Klienten sind. Daraus kann resultieren, dass z.B. nicht nur eine Pflegekraft immer mit denselben „schwierigen" Patienten zu tun hat, sondern dass sich die Mitarbeiter des Teams abwechseln.

Arbeitsdauer *Begrenzte Arbeitszeiten für Stress-Aufgaben.* Nicht die Arbeit selbst bringt vielfach den Stress, sondern die Zahl der Arbeitsstunden. Stellen Sie fest, wie viele Stunden am Tag gearbeitet werden kann, ohne dass Produktivität und Arbeitsfreude leiden. Entwickeln Sie eine interne Struktur, die diese Erkenntnisse berücksichtigt.

Auszeit *Auszeit schaffen.* Durch ein rotierendes System, bei dem ein Mitarbeiter z.B. alle vier Wochen aus der emotional an-strengenden Arbeit herauskommt, wird die Möglichkeit geschaffen, Abstand und somit den Kopf frei zu bekommen.

Sabattjahr. Das so genannte Sabattjahr für die helfenden Berufe gibt z.B. Pflegekräften, die mit extrem belastender Klientel zu tun haben (z.B. in der Onkologie), die Chance, einmal für ein Jahr auszusteigen.

Die genannten Möglichkeiten erfordern die Bereitschaft verantwortlicher Führungskräfte, für ihre Mitarbeiter ein offenes Ohr zu haben und – am besten gemeinsam mit dem Team – Lösungen zu entwickeln. Wenn dies nicht geschieht, bleibt den Mitarbeitern oft nur der Ausweg in Krankheit und Kündigung. Beides ist im Endeffekt für das Unternehmen sehr viel teurer.

Verantwortungsvolle Führungskräfte

Gerade in von Burnout gefährdeten Berufsbereichen gilt es die Mitarbeiter dafür zu sensibilisieren, erste Warnsignale zu registrieren und ernst zu nehmen. So besteht die Chance zur Auseinandersetzung damit. Sonst bleibt nur die Furcht vor dem eigenen Versagen und die Angst vor negativen Konsequenzen, wenn man als Mitarbeiter nicht mehr richtig „funktioniert".

Warnsignale beachten

Aktivitätenliste

1. Schreiben Sie auf, was Sie als Nächstes tun werden, um an Ihrem Arbeitsplatz das Thema „emotionale Schwerstarbeit" öffentlich zu machen und so Raum zu schaffen, über Probleme zu reden, die wahrscheinlich auch die Kollegen belasten.

_____

_____

_____

_____

2. Schreiben Sie auf, wie Ihre nächsten Schritte aussehen, um eine Balance zwischen Anteilnahme und Distanz in Ihrem Beruf zu leben.

_____

_____

_____

_____

3. Sorgen Sie dafür, dass intern Arbeitsstrukturen eingerichtet werden, die frühzeitig und vorbeugend Burnout verhindern. Schreiben Sie auf, welches Modell sich speziell für Ihren Arbeitsplatz eignet.

_____

_____

_____

_____

Die Störung eigener Motive und Ziele: Wenn man nicht das bekommt, was man erwartet

Merkmale: Vermehrte Anstrengung führt nicht zum gewünschten Erfolg

Grundlegend für diese Burnout-Ursache sind nach Burisch (1989, S. 4) Ziele, Wünsche und Bedürfnisse, die entweder gar nicht, nicht mehr oder nur unter Hintanstellung der meisten anderen Ziele zu realisieren sind. Bei dem Versuch, das Erlangte doch noch zu erreichen oder zu sichern, werden die Anstrengungen immer verzweifelter. Schließlich, wenn die Kraftreserven schwinden, tritt ein Erschöpfungszustand ein. Das Ziel aufzugeben scheint aber ebenso unmöglich wie es zu erreichen. Hinter den Zielen stehen bestimmte, persönlich wichtige Motive (z. B. die Suche nach Anerkennung, die Demonstration von Leistungsfähigkeit).

Vorstellungen vom Ziel Wenn sich jemand aufgrund persönlich wichtiger Motive Ziele setzt, dann hat er gleichzeitig mehr oder weniger bewusst Erwartungen bzw. Vorstellungen darüber,
■ wie das Ziel und der Weg dahin konkret aussehen,

- welchen Zeit- und Energieaufwand das Erreichen des Ziels bedeutet,
- wie wahrscheinlich es ist, das Ziel zu erreichen,
- was es möglicherweise für Nebenwirkungen gibt, wenn das Ziel erreicht wird,
- welchen Wert die Belohnung für das Erreichen des Ziels hat.

Wenn Ihre Erwartungen mit der Realität übereinstimmen, empfinden Sie den Ablauf als gelungen oder erfolgreich. Auf der anderen Seite gibt es laut Burisch (1989, S. 79, 80) folgende Störfälle:

„Störfälle"

- *Zielvereitelung:* Im Endeffekt wird das Ziel nicht erreicht, obwohl man Energie investiert hat. Hindernisse stellen sich in den Weg, die auch durch vermehrte Anstrengung nicht überwunden werden können. Andererseits kann jemand angesichts größerer Schwierigkeiten sein Ziel aufgeben, weil der Aufwand sich nicht lohnt.
- *Zielerschwerung:* Im Unterschied zur Zielvereitelung kann ein Hindernis durch erneute Anläufe doch noch überwunden oder umgangen werden. Das Ziel wird erreicht. Es gibt jedoch ein grobes Missverhältnis zwischen Aufwand und Ertrag.
- *Ausbleiben der Belohnung:* Das Ziel wird erreicht, hat aber nicht den erwarteten Belohnungswert. Belohnung kann dabei einerseits das eigene Erfolgsgefühl, andererseits äußere Belohnung wie Anerkennung, Geld usw. sein.
- *Negative Nebenwirkungen:* Die Störung besteht im Auftreten unvorhergesehener Nebenwirkungen, deren Negativeffekte genügend stark sind, um positive Endeffekte der Belohnung ganz oder teilweise aufzuwiegen. Am Ende bleibt das Ergebnis deshalb auch hier unbefriedigend.

Misserfolg In allen Fällen handelt es sich subjektiv um Misserfolge. Sie bedeuten für eine Person Stress, weil sie die Grenzen ihres eigenen Einflussbereichs bemerkt. Jede Störung im Einzelnen zieht geistige Weiterbeschäftigung, zusätzliche Anstrengung und Energieeinsatz oder einfach nur emotionale Auswirkungen wie Ärger, Frust oder Trauer nach sich.

Krankenhausalltag In einer Arbeitsplatzanalyse im Krankenhaus haben wir z. B. festgestellt, dass es etwa 40 täglich wiederkehrende Arbeitsstörungen im Bereich der Pflege gibt, die für die betroffenen Pflegekräfte Zusatzanstrengung und Belastung bedeuten. Meistens handelt es sich dabei um Zielerschwerungen und ausbleibende Belohnung. Beispiel: Beim Ausarbeiten der Visite, bei der Stationsbesprechung oder beim Zusammenstellen von Medikamenten stören immer wieder verschiedene Berufsgruppen wie z. B. Ärzte, Krankengymnasten oder andere Pflegekräfte. Oder: Pflegekräfte haben sich intensiv um einen Patienten gekümmert. Den Dank bekommt aber nur der Arzt bei der Entlassung des Patienten. In ihrer Befragung von 500 Führungskräften hat Thorwest (1993) festgestellt, dass diese im Schnitt täglich 27 Arbeitsunterbrechungen (18 Telefonanrufe, acht unangemeldete Besucher und dazu noch eine kurzfristig angesetzte Besprechung) erleben. Umgerechnet werden die Befragten alle 21 Minuten in ihrer Tätigkeit gestört. Durch die Störungen fühlten sich die meisten Befragten oft angespannt, weil sie die begonnene Aufgabe nicht beenden konnten. Seltener wurden sie dadurch nervös, fühlten sich gestresst, frustriert, zur Weiterarbeit unmotiviert oder ärgerten sich. Erfreut über die Ablenkungen waren sie insgesamt nicht.

Aus Stress wird Burnout Aus dem anfänglichen Stress entsteht Burnout, wenn Personen ihre Energie verbraucht haben (siehe S. 19 ff.) bzw. wenn sie glauben, alle ihre Anstrengungen wären sowieso umsonst. Sie erwarten dann bereits eine Enttäuschung. Das wirkt sich emotional und motivational aus – das Burnout ist perfekt. Burisch sieht hier eine Parallele zum Zustand der so genannten erlernten Hilflosigkeit (vgl. Seligman 1979).

Seligman sperrte in einem Versuch Hunde in einen Käfig, in dem die Tiere leichte Elektroschocks bekamen. Diesen konnten sie nicht entkommen. Anfangs versuchten die Hunde der Situation zu entfliehen. Als sie ihre Machtlosigkeit merkten, legten sie sich apathisch auf den Boden und wimmerten nur leise vor sich hin. Sie zeigten ein Zustandsbild, das man bezogen auf Menschen als Resignation, Hoffnungslosigkeit oder sogar Depression deuten könnte. Im zweiten Versuch hätten dieselben Hunde durch einen Sprung über eine Trennwand der Situation entfliehen können, unternahmen jedoch keine Anstrengungen zu entkommen. Eine andere Gruppe von Hunden, die die negative Vorerfahrung nicht hatte, zeigte sehr schnell eine erfolgreiche Flucht. Fazit: Die Tiere der ersten Gruppe glaubten offenbar, dass sie den Schocks nicht entfliehen konnten und unternahmen deshalb auch keine Anstrengungen. Sie hatten gelernt, hilflos zu sein.

Versuch zur erlernten Hilflosigkeit

Dieses Phänomen ist auch auf Menschen übertragbar. Eine Situation, in der regelmäßig unvorhersehbare und nicht zu bewältigende Anforderungen auftreten – wenn also Hilflosigkeit vorliegt –, weist eine für Burnout charakteristische Konstellation auf.

Charakteristische Burnout-Konstellation

Burisch (1989, S. 91) meint dabei, dass der für Burnout Prädestinierte dazu neigt,
- sich zu hoch gesteckte Ziele zu setzen,
- Aufwand und Zeitbedarf zu unterschätzen,
- Nebenwirkungen zu übersehen,
- Erfolgsaussichten zu überschätzen,
- das eigene Anspruchsniveau zu starr zu setzen.

Abb. 4: Vier Arten von Zielstörungen

Im Folgenden lesen Sie als typisches Fallbeispiel, wie eine Mitarbeiterin in einer öffentlichen Einrichtung von den „Mühlen des Systems" klein gemahlen wurde. Die Organisationsstruktur und Führung ließen ihr wenig Einflussmöglichkeiten, sodass jede Anstrengung, die eigenen Motive und Ziele zu verwirklichen, nicht zum gewünschten Erfolg führten:

Die „Mühlen des Systems"

Fallbeispiel

Frau P. nahm nach der Einstellung mit hoher Motivation ihre Tätigkeit in einem neuen viel versprechenden Projekt auf. Sie dachte, man könnte etwas bewegen, Ideen entwickeln und verwirklichen, Verantwortung übernehmen, Leistung würde zählen und es gebe Anerkennung nach positiven Leistungsergebnissen.

Schnell erkannte sie, das dies nicht möglich, weil nicht erwünscht war. So hörte sie Aussagen wie: „Arbeiten Sie nicht so schnell, Sie machen unseren Schnitt kaputt." Sie versuchte ihre Erfahrungen und ihr Wissen einzubringen, – doch Verbesserungsideen wurden mit den Worten kommentiert: „Lassen Sie mal, Sie sind erst kurze Zeit hier, in fünf Jahren kann man das überdenken. Oder: „Das können Sie nicht bei Leuten einführen, die hier 25 Jahre tätig sind." Sie hatte das Gefühl, jede Anstrengung wurde unterbunden.

Sie machte auf ihre Unterforderung und ihren Frust aufmerksam. Sie wandte sich schließlich sogar an den nächsthöheren Vorgesetzten, doch die Botschaft lautete klar: „Warten Sie ab und passen Sie sich an."

Auch die „Flucht nach oben" wurde abgeschmettert. Interne Bewerbungen auf eine Leitungsebene waren erst nach einer Anstellungszeit von fünf Jahren möglich.

Die Folge dieser Situation: Bereits innerhalb weniger Zeit verlor die Mitarbeiterin ihre anfängliche Motivation. Sie hatte keine Lust mehr der Firma Leistung zu bringen, sich einzusetzen. Sie erzählte jedem ihre Story, um sich Entlastung zu schaffen und sie begann zum Zeitvertreib Kollegen gegen die Führung aufzuhetzen: „Lass dir doch nicht gefallen, dass du keine Unterstützung bekommst". Sie betrachtete ihr Gehalt als „Schmerzensgeld", wobei der Betrag nicht wirklich ausreichte. Doch ihr fehlte die Alternative, schnell eine andere Stelle zu bekommen. So harrte sie aus, saß ihre Zeit ab und passte sich der Gepflogenheit an, die halbe Stunde Mittagspause ordnungsgemäß abzustempeln und im Büro dann mit den Kollegen ausgiebig Mittagspause zu machen oder morgens einzustempeln, um in Ruhe Frühstück zu machen.

Sie machte sich innerlich lustig über all die, die ihre Arbeit noch ernst nahmen. Sie bot keine aktive Unterstützung mehr an, wenn über neue Projekte gesprochen wurde und Ideen gefragt waren. Vielmehr belächelte sie innerlich das Engagement der Kollegen und freute sich, wenn das Projekt dann im Sande verlief.

In ihr wuchs von Tag zu Tag der Fluchtinstinkt. Sie nahm jede Möglichkeit wahr, nicht an den Arbeitsplatz zu müssen: So ließ sie sich als Ersthelfer am Arbeitsplatz ausbilden, nahm Bildungsurlaub und ging auch entgegen ihrer üblichen Gewohnheit nicht mehr zur Arbeit, wenn sie ein kleiner grippaler Infekt erwischt hatte. Händeringend suchte sie nach Möglichkeiten, sich weg zu bewerben, doch der Stellenmarkt war dünn. Nach einem Jahr meinte sie immer häufiger zu Freunden: „Wenn ich hier noch länger bleibe, werde ich krank."

Dieses Fallbeispiel zeigt, dass trotz vieler Anstrengungen, etwas zu verändern und dadurch persönlich wichtige Ziele und Motive zu erreichen, oft kein Ergebnis erzielt wird. Was bleibt sind Hilflosigkeit, Rückzug und Fluchtgedanken.

Maßnahmen: Den Blick für die richtige Bewältigungsstrategie schärfen

Was Sie tun müssen:
- *Versuchen Sie abzuschätzen: Was bringt vermehrte weitere Anstrengung?*
- *Seien Sie flexibel und versuchen Sie etwas anderes.*

1. Schritt Was bringt vermehrte weitere Anstrengung?
Nach Meinung von Burisch kennzeichnet den „Ausbren- **Strategie ändern**
ner", dass er Zielstörungen mit vermehrter Anstrengung
bis hin zur Erschöpfung seiner Energien zu bewältigen
versucht. Statt etwas anderes zu probieren, benutzt er immer wieder dieselbe Bewältigungsstrategie.

Wenn immer wieder alles scheitert, versucht er gleiche **Ausweichverhalten**
oder ähnliche Situationen zu meiden. Er geht Problemen
aus dem Weg, macht „Dienst nach Vorschrift" oder „kün-
digt innerlich". Den „Ausbrenner" kennzeichnet, dass er
auf verlorenem Posten kämpft, wenn er sich selbst schützen sollte, und resigniert, wenn ein erneuter, leicht ver-
besserter Ansatz zum Ziel führen würde.

Folgende Übung hilft Ihnen festzustellen, ob Sie Hindernisse bei Zielerreichung grundsätzlich als Herausforderung für weitere Aktivität betrachten:

Übung

Welche Bewältigungsform haben Sie im Umgang mit Zielstörungen?

1. Wenn Sie persönlich wichtige Ziele erreichen möchten und Hindernisse auftreten, zeigen Sie dann folgende Verhaltensweisen?

    ■ *Versuch, die Situation in den Griff zu bekommen:* Ich überlege das weitere Vorgehen genau, kläre die Hintergründe für die Situation und wende mich dann auf grund meiner Analysen aktiv der Veränderung der Situation zu.

    ■ *Sich selbst Mut zusprechen:* Ich sage mir „Bloß nicht unterkriegen lassen. Ich habe noch Möglichkeiten, die Situation zu bewältigen. Ich kann damit fertig werden".

    Wenn Sie die Fragen mit ja beantwortet haben, können Sie sich erst einmal gratulieren, dass Sie nicht bei der ersten Schwierigkeit „die Flinte ins Korn werfen".

2. Fragen Sie sich im nächsten Schritt, wie beharrlich sie immer wieder auch erneuten Fehlschlägen mit vermehrter Anstrengung begegnen. Wie oft sind Sie das viel zitierte „Stehaufmännchen". Wie viele Wochen, Monate, Jahre halten Sie diese Strategie durch?

3. Wenn Sie dazu neigen, über einen längeren Zeitraum das gleiche Ziel mit Ihrer immer gleichen Strategie zu verfolgen, ohne dass das etwas bringt, ist es Zeit für Schritt 2. Sinnbildlich gesprochen rennen Sie mit Ihrem Kopf nämlich immer wieder gegen dieselbe Wand statt inne zu halten und rechts und links zu schauen, um vielleicht eine Tür zu entdecken.

2. Schritt Seien Sie flexibel und versuchen Sie etwas anderes

Immer wieder lässt sich beobachten, dass andere Menschen im Umgang mit ähnlichen Problemen Erfolg haben, während man selbst scheitert. Deshalb sollten Sie Flexibilität im Umgang mit Zielstörungen entwickeln. Jeder hat eine Art von „Tunnelblick" für die eigene Situation. Das ist vergleichbar mit dem Blick durch ein Papp-röhrchen. Mithilfe anderer Menschen kommen Sie zu einem Überblick, der Ihnen erlaubt, sich anders als bisher zu verhalten, um Ihr Ziel doch noch zu erreichen oder es besser aufzugeben. Dazu ein Fallbeispiel.

Überblick gewinnen

Fallbeispiel

Herr M. bekommt immer Sonderdienste von seinem Vorgesetzten. Pflichtbewusst wie er ist, übernimmt er die Arbeiten, macht dadurch ständig unbezahlte Überstunden, während andere Kollegen in seiner Abteilung nach Hause gehen. Das ärgert ihn auf der einen Seite, auf der anderen Seite hat er Angst nein zu sagen und sich unbeliebt zu machen. Als er sich dann doch überwindet und das Gespräch mit seinem Vorgesetzten sucht, bleibt dies ohne lang anhaltenden Erfolg. Seine Kollegin Frau B. wundert sich. Sie sagt: „Bei mir versucht er das auch immer. Damit kommt er aber nicht durch. Ich gehe immer pünktlich."

Damit Herr M. aktiv etwas tun kann, muss er selbst die Hintergründe für sein Verhalten erkennen (z. B. „Ich mache Überstunden, weil ich Angst habe mich unbeliebt zu machen.") Erst im nächsten Schritt kann er überlegen, welche Einstellung und welches Verhalten Erfolg verspre-chender sind (z. B. „Ich habe ein Recht, gerecht behandelt zu werden und setze selbstsicher meine Interessen durch."). Zum Erlernen neuer Verhaltensweisen eignen sich z. B. Seminare, in denen im Rollenspiel verschiedene Strategien erprobt werden können. Dadurch entwickelt sich auch die Selbstsicherheit, um das Gelernte in der Praxis anzuwenden.

Im Rollenspiel etwas Neues probieren

Übung

Ziele meistern

1. Beobachten Sie bzw. finden Sie heraus, wie andere Personen Ziele erreichen, an denen Sie selbst scheitern. Was machen sie anders? Was können Sie von ihnen lernen?
2. Suchen Sie mehrere Personen Ihres Vertrauens und fragen Sie sie, was Sie an Ihrer Stelle täten. Jede befragte Person hat ihr eigenes Bewältigungsrepertoire und ihre Sicht der Dinge, sodass Sie aus diesen Tipps neue Anregungen gewinnen können. Je unähnlicher Ihnen die befragten Personen in Verhalten und Einstellung sind, umso mehr neue Ideen bekommen Sie. Andernfalls erhalten Sie nur eine Bestätigung in dem, was Sie schon wissen.

Misserfolg verarbeiten Wenn sich persönlich wichtige Ziele absolut nicht verwirklichen lassen, kommt es darauf an, wie Sie diesen Misserfolg verarbeiten, damit sich daraus nicht ein „schleichendes Burnout" entwickelt. Das passiert leicht dann, wenn Sie sich tief in Ihrem Inneren noch als Versager empfinden und nicht wirklich los gelassen haben.

Bewältigungsformeln Wenig fruchtbar sind folgende Bewältigungsformen, weil Sie keine konstruktive Verarbeitung bedeuten:
- *Bagatellisierung:* „Ist nicht so schlimm. Macht nichts."
- *Selbstmitleid:* Im Selbstmitleid versinken, sich selbst leid tun.
- *Selbstbeschuldigung:* Sich Vorwürfe machen.
- *Ersatzbefriedigung:* Sich etwas Gutes tun, z. B. durch „Frustkäufe".
- *Vermeidung:* Nie wieder solche Ziele anpacken bzw. solche Situationen vermeiden. Diese Haltung kann schon ein Anzeichen für einen Burnoutprozess sein.

Unterstützung durch andere Die beste Möglichkeit solche frustrierenden Erlebnisse zu verarbeiten, ist die Unterstützung durch andere Menschen. Pines, Aronson und Kafry (1990, S. 144–165) weisen darauf hin, dass so genannte soziale Unterstützungssysteme den besten Puffer gegen Burnout darstellen. Solch eine Unterstützung können Menschen geben, die

Ihnen vermitteln, beachtet, geschätzt und wertvoll zu sein. Von ihnen können Sie im Notfall emotionalen Halt, Zuhören und praktische Hilfe verlässlich erwarten. Indem Sie sich diesen mitteilen, lösen sich Emotionen. Sie finden Trost und – wenn gewünscht – auch Rat. Durch Gespräche entwickeln sich auch Möglichkeiten, Dinge positiver zu sehen oder einen Sinn darin zu erkennen (z. B. die Einstellung: „Ich mache das Beste aus meiner jetzigen Situation und schaue, was ich daraus lernen kann.")

Das folgende Schaubild zeigt die sechs Funktionen, die soziale Unterstützungssysteme erfüllen. Dabei müssen diese Funktionen nicht von einer Person allein ausgefüllt werden.

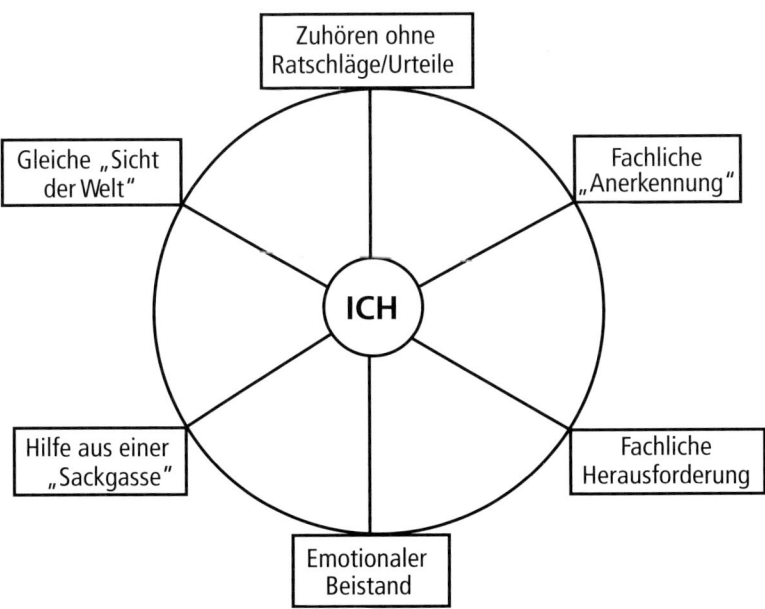

Abb. 5: Soziales Unterstützungssystem

Übung

Wer ist meine „seelische Tankstelle?"

1. Überlegen Sie, mit wem können Sie ganz frei und offen darüber sprechen können, wenn Sie Misserfolge hatten.
2. Wie geht es Ihnen, nachdem Sie mit jemandem über Ihren Misserfolg geredet haben?
3. Wie oft müssen Sie jemandem Ihre Geschichte von einer persönlich einschneidenden Niederlage erzählen, um davon Abstand zu bekommen?

Innere Kündigung Wer keine der genannten aktiven Bewältigungsversuche unternimmt und einfach nur passiv in der unbefriedigenden Situation bleibt, sich voll anpasst und nur noch „Dienst nach Vorschrift" macht, ist mitten drin im Burnoutprozess. Pines, Aronson und Kafry (1990, S. 37–38) sprechen in diesem Zusammenhang von einer „inneren Kündigung" des Mitarbeiters (siehe auch das Fallbeispiel auf S. 67). Er verändert seine Einstellungen und Motive, weil er die „goldenen Fesseln", d. h. die gut bezahlte Arbeit nicht abstreifen kann oder keine Alternativen sieht. Er spielt nur noch eine Statistenrolle. Der Statist ist apathisch, wartet, bis man ihm sagt, was er tun soll, und existiert unauffällig. Sein Hauptziel ist der Erhalt seiner Stellung bis zur Pensionierung.

Jasager Nach Höhn (1983, S. 1, 34, 68) kennzeichnet die „innere Kündigung" einen Zustand, bei dem der Mitarbeiter bewusst auf Engagement und Eigeninitiative im Unternehmen verzichtet. In seinem Verhalten versucht solch ein Mitarbeiter für seinen Chef zu einem besonders angenehmen und bequemen Mitarbeiter zu werden, der keinerlei Schwierigkeiten bereitet. Aus dem engagierten und kritischen, manchmal unbequemen Gesprächspartner ist ein typischer Jasager geworden. Zur inneren Kündigung tragen laut Höhn maßgeblich Führungsfehler bzw. die Organisationsstruktur bei. Das sieht auch Cherniss so, wie im folgenden Kapitel beschrieben wird (vgl. S. 77).

Aktivitätenliste

1. Welche persönlich wichtigen Ziele verfolgen Sie derzeit erfolglos? Welche Motive stehen dahinter? Wie lange dauert Ihre Bemühung bereits, diese Ziele zu erreichen? Schreiben Sie Ihre Gedanken auf.

_____

_____

_____

_____

2. Schreiben Sie auf, was Sie bislang unternommen haben, um dieses Ziel zu erreichen. Was haben Ihre Bemühungen konkret als Ergebnis gebracht?

_____

_____

_____

_____

3. Mit welcher Einstellung und welchem Engagement sind Sie zur Zeit dabei, Ihre Ziele noch zu verfolgen? Welchen Unterschied gibt es zu früher?

_____

_____

_____

_____

4. Schreiben Sie auf, wie sich andere Personen – unabhängige Beobachter oder vertraute Ratgeber – in Ihrer Situation verhalten würden. Welche Tipps geben sie Ihnen?

_____

_____

_____

_____

5. Entscheiden Sie sich, etwas anderes als bisher zu machen. Schreiben Sie auf, welcher Ratschlag von anderen Personen sich anbietet.

_____

_____

_____

_____

6. Probieren Sie die neue Möglichkeit aus. Schreiben Sie Ihre Erfahrungen auf:

_____

_____

_____

_____

Organisationsstrukturen sorgen für Stress

Merkmale: Rollenkonflikte, Rollenunsicherheit und Machtlosigkeit

Im Mittelpunkt dieser Burnout-Ursache steht die Vorstellung, dass dauerhafter Stress schließlich zu Burnout führt. Die Hauptursache für Stress wird dabei in der Art und Weise gesehen, wie eine Firma bzw. Institution strukturiert ist. Nach Cherniss gelangen Personen dadurch in Stress, weil zu ungenau geklärt ist, welche Rechte, Pflichten bzw. Aufgaben (= Rollen) sie in dieser Organisation haben. Dabei tragen Gefühle von Machtlosigkeit in einer Organisation zusätzlich zum Stress bei. Wer den Arbeitsstress durch Rückzug, Distanzierung, Meidung, Herabsetzen von Ansprüchen und Verantwortlichmachen anderer zu bewältigen versucht, befindet sich bereits mitten im Burnoutprozess. Im Endstadium distanzieren Betroffene sich von der Arbeit und werden apatisch, zynisch und rigide (vgl. Enzmann und Kleiber 1989, S. 43). Zu dieser Art der Stressbewältigung kommt es nach Cherniss, wenn sich Mitarbeiter – was ihre Arbeit angeht – ständig ineffektiv und hilflos fühlen. Es ist der Zustand der „erlernten Hilflosigkeit" (siehe S. 64–65).

Distanzierung als Reaktion auf Organisationsstrukturen

Cherniss sieht besonders in Institutionen helfender Berufe burnoutfördernde Rollenstrukturen. Die Rolle einer Person wird durch eine Vielzahl von Erwartungen bestimmt. Nimmt man z. B. eine Pflegekraft im Krankenhaus, dann definiert sich deren Arbeitsrolle aus den Ansprüchen von

Arbeitsrolle einer Pflegekraft

- Ärzten,
- Verwaltungsleitung,
- Pflegedienstleitung,
- Stationsleitung,
- Patienten,
- Angehörigen,
- Krankengymnasten,
- eigenen Ansprüchen,
- Aus- und Fortbildung.

77

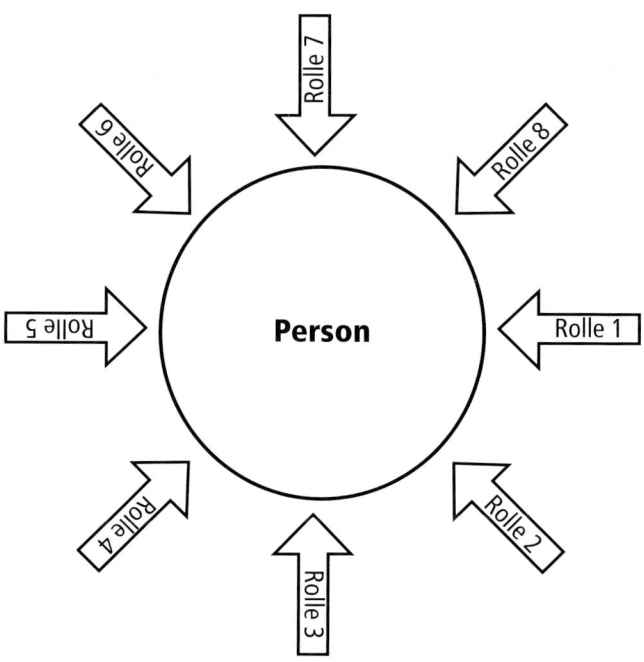

Abb. 6: An jeden Menschen richten sich die unterschiedlichsten Erwartungen, die davon bestimmt sind, welche verschiedenen Rollen er im Leben zu „spielen" hat.

Rollenkonflikte Da sich die Arbeitsrolle aus derart vielen Erwartungen zusammensetzt, resultieren daraus sehr leicht Konfliktsituationen (= Rollenkonflikte). Es gibt unvereinbare Erwartungen, zwischen denen die betroffenen Personen hin- und hergerissen werden. Eine typische Konstellation im Krankenhaus ist die hohe Verantwortung für Patienten bei gleichzeitigem Zeitmangel. Genauso häufig erwartet der Patient einen „Halbgott in Weiß", wie er ihn als allmächtigen Arzt aus Fernsehserien kennt. Doch ein Arzt ist auch nur Mensch.

Ein anderes Beispiel: Der Arzt meint, dass eine Medizinisch-technische Radiologie-Assistentin (MTRA) in der Röntgenabteilung Kontrastmittel spritzen soll, während die MTRA weiß, dass sie es von Gesetzes wegen nicht darf und es auch riskant ist, wenn der Patient eine Allergiereaktion zeigt. Alle anderen Kolleginnen beugen sich der Autorität des Arztes. So passt sie sich zähneknirschend dem Team an.

Ein weiteres Belastungsfeld ist die so genannte Rollenunsicherheit. Erwartungen an die eigene Arbeitsrolle sind unklar und unbestimmt. Es fehlen Informationen
- über den Umfang bzw. Verantwortlichkeiten der Arbeit,
- über Erwartungen von Kollegen,
- zur adäquaten Ausführung der Arbeit,
- über Aufstiegsmöglichkeiten,
- über die Bewertung der eigenen Arbeit von Vorgesetzten und
- über Vorgänge in der Organisation.

Rollenunsicherheit

Wer ist z. B. im Recht, wenn der Arzt der Meinung ist, die Pflegekraft müsse hinter ihm herräumen, während diese glaubt, der Arzt sollte einen benutzten Verbandswagen wieder selbst in Ordnung bringen?

Die Arbeit helfender Berufe ist nach Cherniss besonders durch folgende Merkmale gekennzeichnet:
- mangelnde Rückmeldung zu Arbeitsergebnissen,
- mehrdeutige Ziele,
- mangelnde Erfolgskriterien.
- Es dauert lange, bis Ergebnisse sichtbar werden. Da viele Personen daran arbeiten, ist es unklar, wessen Anteil schließlich zum Erfolg führt.

Merkmale der Arbeit helfender Berufe

Bei der Vielzahl von Erwartungen und unscharfen Abgrenzungen kommt hinzu, dass an eine Person mehr Anforderungen gestellt werden, als sie eigentlich leisten kann. Das führt zu ständiger Überforderung und über-

Mehr Anforderungen als leistbar

79

mäßigem Arbeitseinsatz. Verschärfend wirkt sich aus, dass jeder meint, die Erwartungen, die er an andere Personen stelle, wären berechtigt und richtig. Dies ist ein Trugschluss, weil Rollen niemals eindeutig definiert werden können. Trotz allem kommt es z. B. im Team zu Sanktionen, wenn eine Person nicht den Erwartungen der anderen entsprechend handelt. Solche innerbetrieblichen Konflikte sind deshalb „hausgemacht", weil nie eindeutige Vereinbarungen getroffen wurden (siehe S. 77).

Motivierende Rückmeldung

Schließlich vertritt Cherniss die Meinung, dass in einer Institution auch ein Mangel an „motivierendem Potenzial" Burnout unterstützt. Das ist der Fall, wenn die eigene Arbeit nicht bedeutsam und eher unterfordernd erscheint (z. B. weil sie zu sehr in Teilaufgaben aufgesplittet ist). Weiterhin fehlt es an Lern- und Entwicklungsmöglichkeiten oder Rückmeldungen über die eigene Arbeit. Eine Gruppe von Mitarbeitern erfuhr z. B. nicht, ob sie mit ihrem Telefonverkauf gute oder schlechte Zahlen erzielte. Schnell kam es dazu, dass nur noch wenige viele Telefonate führten – weil die Zahl der Telefonkontakte offenbar egal war.

Während Cherniss besonders die helfenden Bereiche im Auge hat, lassen sich auch in Wirtschaftsunternehmen, wie z. B. Call Centern, Rollenprobleme feststellen, wie das folgende Fallbeispiel illustriert (vgl. Koch 1998).

Fallbeispiel

Frau G. ist eine erfahrene Telefon-Agentin. Als sie in einem Call Center neu beginnt, erhält sie in einer zweistündigen Produktschulung zwei Ordner mit Informationen. Danach soll sie für einen Hersteller Kundenberatung am Telefon machen. Sie hat verschiedene Fragen, doch der zuständige Projektleiter lässt sich nicht blicken. Sie weiß vielfach keine Antwort, lernt aus jedem Telefonat und lügt sich die Antworten zurecht. Auf der anderen Seite soll sie sich serviceorientiert verhalten. An den folgenden Tagen bemerkt sie, wie Kollegen sich „herausschalten", obwohl die Warteschleife „überläuft". Sie hört auch unfreundlichen Umgang mit Kunden. Doch wen kümmert es? Schließlich fragt sie sich, warum sie sich so anstrengt und worauf es eigentlich ankommt.

Als zweitwichtigste Burnoutkomponente bewertet Cherniss die Hierarchie bzw. Machtstruktur eines Unternehmens. Sie wird charakterisiert durch
 ▨ die Hierarchie der Entscheidungsbildung,
 ▨ den Grad der Zentralisierung, d. h. wie groß die Möglichkeit ist, sich bei Entscheidungen zu beteiligen,
 ▨ den Grad der Formalisierung, d. h. wie stark die Arbeit standardisiert ist und welche Abweichungen erlaubt sind.

Hierarchie

Trägt die Machtstruktur dazu bei, dass sich der Einzelne ohne Einflusschancen sieht, sich machtlos fühlt und damit keine Aussicht auf Mitbeteiligung hat, führt dies ebenfalls zu Stress und Entfremdung von der Arbeit. Je weniger Handlungsspielräume eine Person hat, umso machtloser wird sie. Sie kann sich auch nicht gegen Rollenprobleme zu Wehr setzen, sodass schließlich nur die Möglichkeit bleibt, im Burnout auszuharren oder „abzuhauen".

Gefühl der Machtlosigkeit

81

Fallbeispiel

13 Jahre ist Diplom-Ingenieur Herr D. in einem großen, behördenähnlichen Unternehmen tätig. Vor sechs Jahren wechselte er die Abteilung, weil er in der neuen Abteilung die motivierende Aussicht auf Teamwork hatte. Kurz nach dem Wechsel kam es zu einer internen Umstrukturierung. Schnell zerschlug sich seine Hoffnung. Er suchte das Gespräch, wollte Veränderungen für die Abteilung erreichen, die darauf zielten, dass die Zusammenarbeit bzw. die Abläufe definiert würden. Seine Bemühungen stießen bei den Verantwortlichen auf taube Ohren.

Fragt man ihn heute nach seiner Aufgabe, dann kann er dies nicht genau sagen. Schlagworte wie Qualitätsmanagement und Prozessverbesserung fallen. Es gibt zwar eine umfangreiche Stellenbeschreibung, doch die schafft auch keine Klarheit über seine fachliche Tätigkeit. „Es wird erwartet, dass du alles kannst", ist seine knappe Antwort. „Erschwerend kommt hinzu, dass das Haus meine Arbeit nicht unterstützt." Seine Situation beschreibt er so: Es gibt Cliquenwirtschaft und Seilschaften auf Führungsebene. Seinen Vorgesetzten empfindet er im wahrsten Sinne des Wortes als „vorgesetzt", von Führung bzw. Führungseigenschaften kann keine Rede sein. „Personalgespräche sind die Ausnahme, Zielvereinbarungen sollen irgendwann eingeführt werden."

Das Unternehmen ist nicht darauf angewiesen, wirtschaftlich zu arbeiten, weil es staatlich subventioniert wird. Zynisch sagt Herr D.: „Hier geht es zu wie beim ‚betreuten Wohnen'. Der soziale Stellenwert ist hoch, aber es gibt weder Anreize noch Konsequenzen. Wenn du etwas gut machst, interessiert es niemanden, wenn du es schlecht machst, auch nicht. Leistungsbezogene Entlohnung gibt es nicht."

Das Unternehmen führt Projekte durch. Dazu gibt es im Vorfeld Machbarkeitsstudien. Die ziehen sich aber so lange hin, dass sie letztendlich überholt sind – so die bittere Erfahrung von Herrn D. „So was passiert nicht nur einmal, sondern ein paar Mal. Dann hast du irgendwann keine Lust mehr und sagst dir: Ob ich die Studie gut oder schlecht mache ist egal; die ist eh für den Papierkorb."

All das trägt dazu bei, das Herr D. mittlerweile einen sehr minimalistischen Ansatz verfolgt. „Wenn ich nicht ganz konkrete Ereignisse habe, wie z. B. eine Veranstaltung zu unterstützen, dann surfe ich im Internet." Weitere Spielarten, sich die Zeit zu vertreiben, sind der Besuch von Weiterbildungen oder Small Talk mit Kollegen. Herr D. resümiert: „Ich habe innerlich gekündigt".

Dieses Beispiel zeigt Ihnen auf, wie es durch Rollenunklarheit, mangelnde Führung und eigene Ohnmacht zur „inneren Kündigung" kommt. Außerdem wird deutlich, wie sich die Burnout-Ursache der Störung eigener Motive und Ziele (siehe S. 62–64) auswirkt. Eigene Wünsche z. B. nach Teamarbeit werden nicht erfüllt. Eigene Anstrengungen führen wiederholt nicht zum Ziel.

Wünsche und Anstrengungen ohne Erfolg

Maßnahmen: Rollenklärung und Handlungsspielräume

Was Sie tun müssen:
- Erkennen Sie Rollenstrukturen als Ursache für Ihren Stress.
- Werden Sie aktiv, um Ihre Rolle zu klären.
- Verhandeln Sie, wie mit verschiedenen Erwartungen umgegangen werden soll.

Häufig empfinden sich Personen, die in den oben genannten Rollenproblemen gefangen sind, selbst als inkompetent und schuldig. Sie erkennen nicht, dass die Situation und nicht ihre persönlichen Fähigkeiten das Hauptproblem darstellt.

1. Schritt   Erkennen Sie Rollenstrukturen als Ursache für Ihren Stress

Im Zentrum dieser fünften Burnout-Ursache stehen die Arbeitsbedingungen. Wer in einem Umfeld von Rollenkonflikten, Rollenunsicherheit und Machtlosigkeit arbeitet, leidet unweigerlich unter Stress. Deshalb ist im ersten Schritt wichtig, sich von der Vorstellung zu lösen, selbst

Arbeitsbedingungen

das Problem für eigenen Stress zu sein. In diesem Zusammenhang ist es wichtig, dass Sie sich klar machen, ob Sie den Stress mit den ab S. 24 genannten Einstellungs- und Verhaltensweisen bewältigen können.

Übung

Die Bewältigung von „Rollenstress"
Kreuzen Sie an, wie Sie zur Zeit mit dem Stress umgehen, der sich aus problematischen Rollenstrukturen an Ihrem Arbeitsplatz ergibt:

■ *Resignation:* „Es hat sowieso keinen Zweck, sich darüber aufzuregen."
■ *Rückzug:* „Wenn jemand etwas von mir will, soll er sich melden."
■ *Distanzierung:* „Das geht mich alles nichts an."
■ *Herabsetzen von Ansprüchen:* „Ich mache nur das, was von mir verlangt wird, und keinen Handschlag mehr."
■ *Schuldverschiebung:* „Ich kann nichts dafür, dass es so ist. Ist nicht meine Schuld. Dafür sind die anderen verantwortlich."
■ *Apathie:* „Ist mir alles egal. Ich mache hier nichts mehr, außer es lässt sich nicht vermeiden."
■ *Zynismus:* „Zumindest hat man hier am Arbeitsplatz ein Dach über dem Kopf. Andere müssen im Zelt arbeiten."

Wenn Sie in der Übung die meisten Punkte angekreuzt haben, ist nach Cherniss Ihr Burnoutprozess bereits in vollem Gang. Doch er ist umkehrbar, wenn Sie aktiv werden und die nächsten Schritte tun.

2. Schritt Werden Sie aktiv, um Ihre Rolle zu klären
Wenn Sie erkannt haben, dass Sie durch Rollenprobleme zermürbt werden, dann ist es wichtig, selbst die Initiative zu ergreifen und sich Klarheit zu verschaffen. Machen Sie sich klar: In den meisten Fällen sind die gegenseitigen Forderungen, Erwartungen und Verpflichtungen der einzelnen Mitglieder nie offen ausgesprochen worden. Jeder Betroffene wundert sich nur, warum die anderen nicht tun, was von ihnen verlangt wird, während jeder gleichzeitig glaubt, dass er sich richtig verhält.

Offene Aussprache

Am leichtesten ist es, erst einmal Informationen einzuholen. Erfragen Sie aktiv, was häufig ungesagt im Raum steht. Finden Sie heraus, wer mit seinen Erwartungen einen Einfluss auf Ihre Tätigkeit hat. Machen Sie mit Verantwortlichen Termine aus, um diese Angelegenheit zu besprechen.

Ungesagtes aufdecken

Weitere Schritte, die auf Veränderungen zielen, sind nicht immer leicht zu gehen, weil Rollenstrukturen meistens eine lange Tradition haben. Zur Zeit lässt sich z. B. an der Gesundheitsreform im Krankenhauswesen erkennen, wie Rollen neu definiert werden: Besonders einschneidend veränderte sich die Berufsrolle der Krankenpflege in den letzten Jahrzehnten. Nehmen Sie dies als Beweis dafür, dass sich vieles ändern lässt, wenn man den ersten Schritt tut und weiterarbeitet. Holen Sie sich dazu Unterstützung von Gleichgesinnten und binden Sie – sofern vorhanden– den Betriebsrat in den Prozess ein.

Rollenstrukturen behutsam ändern

Wenn die Bereitschaft zur Rollenklärung vorliegt, haben Sie den wichtigsten Schritt gemeistert. Dann können Sie auch die einzelnen Rollen neu definieren. Das braucht allerdings Zeit und meistens mehrere Gespräche – besonders dann, wenn viele Personen beteiligt sind.

Rollen neu definieren

Effekte Durch eine solche Rollenanalyse und Rollenklärung mit allen Beteiligten ergeben sich üblicherweise folgende Effekte:

■ Das Klima zwischen den beteiligten Personen verbessert sich („Beziehungsverbesserung").

■ Es kommt zu einer persönlichen Entlastung.

■ Die Leistungsfähigkeit erhöht sich.

■ Die Motivation wird wieder größer.

3. Schritt   Verhandeln der Rollenerwartungen
Der wichtigste Schritt besteht darin, dass alle Beteiligten **Verhandeln am** an einem Tisch sitzen. Im Bereich eines Krankenhauses **runden Tisch** hieße das z. B., dass die Berufsgruppen, die zusammenarbeiten, zu einer Besprechung zusammenkommen. Wenn die Personenzahl zu groß ist, sollte jede Berufsgruppe einen Repräsentanten entsenden. Dann geht man wie folgt vor – am besten unter Leitung eines Moderators, der von außen kommt:

Sammeln und Darstellen der Erwartungen
- Jeder schreibt auf Moderationskärtchen, welche Rollen und Kompetenzerwartungen er an die anderen Personen bzw. Berufsgruppen hat (pro Kärtchen eine Aussage).
- Jeder liest dann seine Kärtchen vor und heftet sie für alle sichtbar an eine Pinnwand. Verständnisfragen werden sofort gestellt.
- Die Erwartungen werden nach Themen gruppiert und mit einem Titel versehen.

Einschätzung, inwiefern die Erwartungen erfüllt werden
- Danach schätzt jeder für sich auf einer Skala von 1 (= gar nicht) bis 10 (= hervorragend) ein, in welchem Maße er die an ihn gestellten Erwartungen erfüllt.
- Außerdem schätzt er mit der Skala ein, wie gut die anderen die an sie gestellten Erwartungen erfüllen.

Austausch und Vereinbarungen
- Die Ergebnisse aus der Einschätzung werden dann mitgeteilt, für alle sichtbar notiert und begründet. Dabei wird ein Schwerpunktthema nach dem anderen abgearbeitet.
- Besonders die Fälle, wo ein großer Unterschied zwischen Eigen- und Fremdwahrnehmung besteht oder Erwartungen nicht erfüllt werden, müssen nun bearbeitet werden. Dazu wird besprochen, wie die Unterschiede zustande kommen, und vereinbart, wie es sein sollte. Hier geht es letzten Endes um ein konstruktives Verhandeln.

■ Die Ergebnisse werden schriftlich festgehalten und in der Praxis ausprobiert. Über die Erfahrungen bei der Umsetzung wird in einem Folgetreffen gesprochen.

Fallbeispiel

In einer Zeitungsredaktion arbeiten freie und feste Journalisten zusammen. Im Team kommt es aufgrund verschiedener Erwartungen und Unsicherheit immer wieder zu Reibereien. Besonderer Streitpunkt ist, dass einige Freie offenbar Sonderrechte genießen, die keiner versteht. Der Redakteur entschließt sich zu einem Klärungsmeeting mit einem externen Moderator.

Beim Sammeln und Austausch der Erwartungen kommt u. a. heraus:

Die freien Mitarbeiter haben z. B. folgende Erwartungen an den Redakteur:
■ *Er soll seine Kriterien offen legen, wieso bestimmte Mitarbeiter bevorzugt Aufträge bekommen bzw. Sonderrechte (z. B. Schulungen) genießen etc.*
■ *Er soll eine konstruktive Rückmeldung zu eingereichten Artikeln geben.*
■ *Er soll Mitarbeitern sagen, wann Artikel veröffentlicht werden.*
■ *Er soll sagen, ob feste Mitarbeiter im Rang über freien stehen bzw. Weisungsbefugnis haben.*

Der Redakteur hat folgende Erwartungen an die freien Mitarbeiter:
■ *Sie sollen selbst Themen einbringen und nicht nur darauf warten, dass er sie mit „Aufträgen" füttert.*
■ *Sie sollen kontinuierlich an Redaktionssitzungen teilnehmen.*
■ *Sie sollen ihn nicht ständig fragen, wann ein Artikel veröffentlicht wird.*

Bei der Einschätzung, inwiefern die Erwartungen erfüllt werden, zeigt sich z. B., dass der Redakteur mit „5" bewertet, dass Mitarbeiter eigene Themen einbringen. Die Freien selbst haben meistenteils die Bewertung „8" abgegeben. Diese Einschätzung zeigt, dass die Mitarbeiter der Meinung sind, sie bringen sehr gut selbst Themen ein, während der Redakteur diese Sicht nicht teilt. Im Gespräch wird herausgearbeitet, was der Redakteur konkret meint. Als Ergebnis kommt heraus, dass jeder Mitarbeiter auf jeden Fall drei verwertbare Themenvorschläge im Monat liefern sollte. Damit sind alle einverstanden. Dabei klärt sich auch, dass die Mitarbeiter, die bislang sehr viel engagierter Themenvorschläge einbringen, auch Sonderrechte genießen, weil sie dem Redakteur wertvoller erscheinen. Weiterhin werden die Erwartungen zwischen Redakteur und festen Mitarbeitern bzw. zwischen festen freien Mitarbeitern offen gelegt und bewertet.

Wenn in dieser Weise Klarheit erzielt wurde, ist es wichtig, dass dieses neue Verständnis auch gelebt wird. Setzen Sie also persönliche Grenzen, wenn jemand noch im Sinne alter Rollenerwartungen auf Sie zukommt. Machen Sie den neuen Weg klar. Wenn Sie keine Gelegenheit haben, mit anderen zu einer Rollenklärung zu kommen, bleibt Ihnen nur eine Selbstschutzstrategie. Definieren Sie nach Ihren eigenen Maßstäben die Rolle und setzen Sie diese gegen andere Ansprüche durch. Machen Sie das Dilemma nach außen hin transparent, um so Verständnis zu erzielen.

Neue Vereinbarungen durchsetzen

Aktivitätenliste

1. Schreiben Sie auf, welche verschiedenen Personen Erwartungen an Ihre Arbeitsrolle richten. Notieren Sie dabei die Erwartungen für jede Personengruppe.

_____

_____

_____

_____

2. Schreiben Sie auf, welche konkreten Rollenkonflikte und welche Rollenunsicherheit Sie haben.

_____

_____

_____

_____

3. Schätzen Sie ein, wie groß Ihr Einfluss und Ihre Mitbeteiligung am Arbeitsplatz sind. Sind Sie eher „Spielball" oder „Macher"? Schreiben Sie Ihre Gedanken auf.

_____

_____

_____

_____

4. Schreiben Sie auf, wie Sie mit Rollenstress momentan umgehen. Schätzen Sie ein, ob es defensive Bewältigungsmethoden sind, die nicht auf eine Veränderung der Situation zielen.

_____

_____

_____

_____

5. Wie sehen die konkreten nächsten Schritte aus, um Ihre Rolle aktiv zu klären? Wen sprechen Sie an? Was sagen Sie ihm? Welche überzeugenden Argumente haben Sie parat, damit es zur Rollenklärung kommt? Schreiben Sie Ihre Gedanken auf.

_____

_____

_____

_____

6. Es ist Ihnen gelungen, dass es zu einer Rollenklärung kam. Schreiben Sie auf, wie Ihre Rolle jetzt definiert ist und welche Stressfaktoren beseitigt sind.

_____

_____

_____

_____

Der Weg aus dem individuellen Burnout

Individuelle Ausprägung Selbst wenn es die genannten allgemeinen Gesetzmäßigkeiten für die Entwicklung von Burnout gibt, so ist doch jeder Burnoutfall höchst individuell. Das liegt daran, dass jeder Mensch seine ganz persönliche Lebensgeschichte hat, von der es abhängt, wie die genauen Umstände für die Entwicklung aussehen. Wie die genannten Ursachenbeschreibungen zeigen, ist bei Burnout die ganze Person in ihrer Balance von Energien, Motiven, Zielen, Werten und Einstellungen betroffen – wobei mal das eine mehr, mal das andere weniger stark betroffen ist. Durch dieses Missverhältnis entwickeln sich die verschiedenen Symptomatiken.

Beispiel für Stress und Überdruss Wir wollen in diesem Kapitel anhand eines typischen Fallbeispiels für die erste Burnout-Ursache (siehe S. 19) zeigen, wie Sie für Ihren ganz persönlichen Fall eine zu Ihnen passende Lösung entwickeln können.

Fallbeispiel

Herr G. arbeitet in der Entwicklungsabteilung einer Firma. Er hat viele gute Ideen und lässt sich von Einfällen schnell begeistern. Von einer Idee ist er immer so angetan, dass er dann nichts anderes mehr im Kopf hat. In seiner Vorstellung ist die Idee bereits Realität und schillert in den schönsten Farben vor seinem geistigen Auge.

Voll Ungeduld beginnt er ruhe- und rastlos in Aktivitäten zu verfallen, um möglichst schnell die Idee zu realisieren. Er macht Aufzeichnungen, führt Telefonate, fertigt erste Entwürfe an, überzeugt im Kopf seine Vorgesetzten und die Kollegen. Nach Dienstschluss kann er sich gedanklich nicht lösen, schließt zuhause den Laptop an und macht privat weiter.

Herr G. leidet unter folgenden Symptomen:

- *Er fühlt sich häufig innerlich unter Strom. Besonders wenn er zu Beginn eines neuen Projektes vieles berücksichtigen muss, weiß er gar nicht, was er zuerst tun soll, und arbeitet blindlings los.*
- *Wenn er in seine Arbeitswut hineingeraten ist, fühlt er sich wie in einem Sog, aus dem er nicht herauskommt – auch wenn er auf der anderen Seite weiß, dass das Irrsinn ist.*
- *Seine Gedanken kreisen immer wieder um seine Projekte. Wenn er sich abends zur Ruhe begibt, springt er plötzlich wieder auf, weil in seinem Kopf immer neue Gedanken auftauchen.*
- *Zeitweilig möchte er alles hinwerfen, hat keine Lust mehr, seine Ideen bei Kollegen und Vorgesetzten voranzutreiben und sehnt sich nur noch nach Ruhe.*
- *Wenn er so viel gearbeitet hat, fällt er irgendwann in ein tiefes Loch. Er fühlt sich depressiv, niedergeschlagen, innerlich leer.*
- *Innerlich weiß er, dass es so nicht ewig weitergeht, weil die Phasen der Unlust und des Niedergeschlagenseins immer mehr zunehmen und sich auch körperliche Symptome zeigen.*

Typisch an diesem Beispiel ist, dass jeder einen individuellen Schwellenwert hat, an dem er von sich aus zu sagen be-ginnt: „Irgendetwas stimmt nicht. So kann ich nicht ewig weitermachen."

Individueller Schwellenwert

Üblicherweise geht es aber doch so weiter, weil man keinen Ausweg sieht oder einfach zu sehr in seinen Gewohnheiten gefangen ist. Außerdem hat man gelernt, sich mit dem Zustand zu arrangieren – wenn auch um den Preis körperlicher, emotionaler oder geistiger Beschwerden.

Gewohnheiten

Symptome sind Lehrer

Symptomverlagerung und -ausbreitung Welche Burnout-Symptome Sie auch bei sich bemerken: Sie können sicher sein, dass Ihr Körper so lange darauf reagiert, wie Sie die Situation so lassen, wie sie ist. Bandler und Grinder (1995) sagen dazu: „Symptome sind wie Lehrer." Sie kehren so lange wieder, bis wir daraus etwas gelernt haben. Dabei ist erschreckend und faszinierend zugleich, dass unser Körper nicht dauerhaft die gleichen Symptome produziert, sondern dass es zu Symptomverlagerung oder -ausbreitung kommt. Deshalb ist es interessant, sich einmal die Frage zu stellen, wie lange Sie ein bestimmtes Symptom schon bei sich bemerken, wie lange es wie ein treuer Freund und Begleiter Ihren Weg mitgeht.

Herr G. aus dem Fallbeispiel weiß, dass er schon seit mehreren Jahren in dieser Weise reagiert. Es begann, als er die Position in seiner Abteilung bekam und hohe Erwartungen an ihn gestellt wurden, die er unbedingt erfüllen wollte.

Individuelle Phase der Regeneration Da sich Symptome meistens über einen Zeitraum entwickeln, können Sie sicher sein, dass Sie diese Art der Situationsbewältigung nicht von heute auf morgen abstellen können. Sie werden schon gar nicht schlagartige Veränderungen bemerken. Wenn Sie heute entscheiden, etwas anderes zu machen, das Ihnen besser bekommt, dann kann es Wochen, Monate, ein Jahr oder noch mehr Zeit dauern, bis Sie sich sozusagen „regeneriert" haben. Den Hintergrund dafür können Sie sich am besten daran deutlich machen, wie wir als Person organisiert sind.

Ein Modell Ihrer Persönlichkeit

Den Menschen als Ganzes machen seine Verhaltensweisen, Einstellungen, Werte und sein Bild von sich selbst aus. Dilts (vgl. O'Connor und Seymour 1994, S. 131–137) stellt sich den Aufbau unserer Persönlichkeit hierarchisch geordnet vor. Obere Ebenen bestimmen die darunter liegenden (siehe Schaubild). Dieses System der logischen Ebenen steht im Wechselspiel zur Umwelt.

**Die übergeordnete Ebene
bestimmt die darunter liegende**

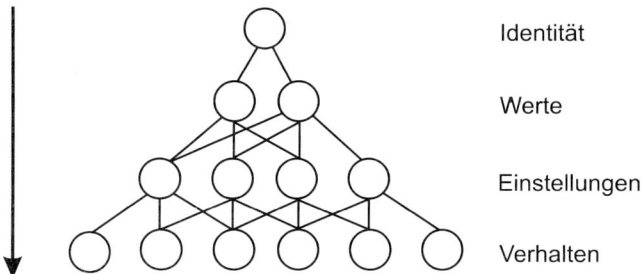

**Je höher die Ebene liegt, umso größer sind die
Auswirkungen auf die darunter liegende Ebene.**

Abb. 7: Modell der logischen Ebenen

Beispiel Gesundheit

Zur Erläuterung dieses Modells der logischen Ebenen ein Beispiel: Wenn Ihnen Ihre Gesundheit ein wichtiger Wert ist, gibt es verschiedene Verhaltensweisen, etwas dazu beizutragen. Je nach ihrer Einstellung mögen Sie Sport, gesunde Ernährung usw. dafür sinnvoll halten. Um im Sinne dieser Einstellung zu handeln, brauchen sie bestimmte Fähigkeiten, z.B. beim Sport die Fähigkeit zu schwimmen. Schwimmen setzt sich wiederum aus vielen einzelnen Verhaltensbausteinen zusammen, z.B. aus der Bewegung der Arme. Und wenn Sie sich sportlich verhalten, mögen Sie von sich selbst auf der Identitätsebene sagen „Ich bin ein verantwortungsbewusster Mensch, der sich um seine Gesundheit kümmert."

Veränderung kleiner Teile und das Ganze Wenn Sie nun beginnen, einen Teil dieses Systems der logischen Ebene im Bereich der Identität, Werte oder Einstellungen zu verändern, geschieht dies im Prinzip wie bei einem Kaleidoskop: Wenn Sie einen Teil bewegen, verändert sich das Ganze. Menschliche Veränderung vollzieht sich – sinnbildlich gesprochen – so ähnlich: Wenn Sie ein fertig zusammengesetztes Mosaik auf den Boden werfen, müssen Sie mit dem Zusammensetzen wieder von vorne anfangen – nur dass diesmal ein anderes Bild dabei herauskommt. An diesem Bild wird deutlich, dass menschliche Entwicklung ein Prozess und kein plötzliches Ereignis ist.

Sind Sie bereit, den Preis der Veränderung zu zahlen?

Arbeit Angesichts der Tatsache, dass menschliche Veränderung Arbeit bedeutet, werden Sie sich an dieser Stelle vielleicht sagen: „Na so schlimm ist es mit meinem Burnout nun auch wieder nicht."

Einverstanden. Herr G. hat auch mehrere Jahre durchgehalten.

Sie können entscheiden, ob Sie etwas verändern oder ob es Ihnen mit Ihren Symptomen zur Zeit vergleichsweise besser geht.

Konsequenzen Machen Sie sich klar: Sie können alles tun. Alles hat Konsequenzen, d. h. alles hat seinen Preis. Mit jeder Wahl sind zwangsläufig bestimmte Auswirkungen verbunden, die wir gleichzeitig mitwählen. Es gibt keinen Trick, der uns erlaubt, diesen Konsequenzen auszuweichen. Jeder ist selbst dafür verantwortlich (vgl. Sprenger 1997).

Vermeidungsstrategien Viele verpassen den Zeitpunkt, zu dem der Preis, das Spielfeld zu verlassen, noch vergleichsweise gering ist. Beliebt sind folgende Strategien:

- *Opferstorys:* „Ich kann ja nichts dafür …"
- *Klagegesänge:* „Mir geht es ja so schlecht …"
- *Muss-Zwänge:* „Ich muss ja Geld verdienen …"
- *Entscheidungsaufschub und Hinhaltetaktik:* „Ich weiß genau, was ich tun müsste …, aber vorher lese ich noch ein Buch, besuche noch ein Seminar, damit ich noch mehr weiß."

> **Die Bereitschaft des Menschen, Mängel zu ertragen, ist größer als seine Bereitschaft, Mängel abzustellen.**

Die beiden folgenden Übungen helfen Ihnen, innerlich Klarheit dafür zu bekommen, ob Sie wirklich noch weiter warten möchten oder ob jetzt die Zeit zum Handeln gekommen ist. **Warten oder Handeln?**

Übung

Der Weg auf der Zeitlinie: Wie fühlen Sie sich in der Zukunft?

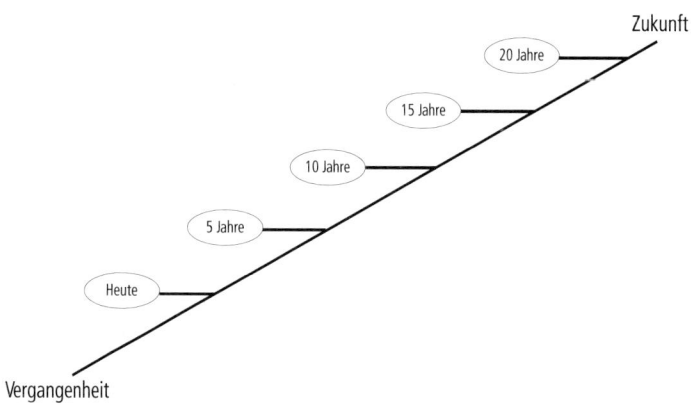

Abb. 8: Zeitlinie

1. Legen Sie sich wie auf dem Schaubild auf dem Fußboden eine Zeitlinie zurecht. Markieren Sie eine Stelle mit „heute". Legen Sie dann weitere Markierungen in 5-Jahres-Abständen.
2. Stellen Sie sich auf das Feld „heute" und machen Sie sich klar, wie Ihre heutige Situation ist und wie Sie sich dabei fühlen.
3. Stellen Sie sich vor, Sie belassen Ihre Situation so, wie sie ist, und gehen fünf Jahre weiter in die Zukunft. Gehen Sie auf Ihrer Zeitlinie auf das entsprechende Feld. Machen Sie sich klar, wie es Ihnen geht, wenn Sie fünf Jahre so weitergemacht haben. Lassen Sie sich Zeit diese Vorstellung in allen Einzelheiten auszumalen und zu empfinden.
4. Wiederholen Sie diesen Ablauf für 10, 15, 20 und mehr Jahre.
5. Gehen Sie dann aus Ihrer Zukunft von Feld zu Feld wieder in die Gegenwart und nehmen Sie dabei Ihre Erkenntnisse mit.

Übung
„Grabstein-Test"

1. Stellen Sie sich vor, Sie hätten das Zeitliche gesegnet. Angehörige, Freunde und Bekannte stehen vor Ihrem Grab. Sie denken darüber nach, was der Sinn Ihres Lebens war. Welche Aussagen werden sie über Sie machen?
2. Schreiben Sie Ihren Nachruf auf.
3. Überprüfen Sie dann die Aussagen darauf, ob es das ist, was Sie am Ende Ihres Lebens haben wollten.
4. Als Variante können Sie sich auch vorstellen, Sie liegen auf dem Sterbebett und lassen noch einmal Ihr Leben Revue passieren. Können Sie dann aus vollem Herzen sagen, dass es so in Ordnung war oder überkommt Sie mit Schrecken, was Sie alles hätten anders machen wollen?

Häufig tragen diese beiden Übungen dazu bei, dass man sich fragt: „Wieso soll ich noch zehn Jahre warten oder gar bis zu meinem Tod, wenn ich jetzt und heute weiß, dass ich so nicht weitermachen kann und will? Es wäre vergeudete und verlorene Zeit.“ Wenn Sie an diesem Punkt angelangt sind, ist es an der Zeit, mehr Klarheit darüber zu bekommen, in welche Richtung es gehen soll. Was wollen Sie wirklich?

Die richtige Richtung finden

99

Visionen mit der „Wunderfrage"

Klare Zielvision Üblicherweise wissen wir sehr genau, was wir nicht wollen – nämlich einen Burnout. Aber was ist das Gegenteil davon? Was wollen wir stattdessen? Wo soll es hingehen? Wir empfehlen Ihnen als Methode die so genannte Wunderfrage (vgl. Walter und Peller 1996, S. 100), die wahre Wunder wirkt, weil Sie damit blitzschnell zu einer klaren Zielvision kommen.

Übung

„Wunderfrage"

1. Stellen Sie sich vor: Es ist Nacht und Sie schlafen, es passiert ein Wunder und das Problem ist gelöst. Schreiben Sie Ihre Gedanken zu folgenden Fragen auf:
   - Woran würden Sie das merken? Was ist das erste, zweite etc., woran Sie die Veränderung bemerken würden?
   - Was würde anders im Vergleich zu heute sein?
   - Was sehen Sie in Ihrem Umfeld oder bei sich? Was hören Sie?
   - Woran würden andere Personen erkennen, dass ein Wunder geschehen ist?
2. Nachdem Sie Ihre Gedanken notiert haben, wiederholen Sie den Vorgang und fragen Sie sich: „Und was noch?" Dies ist wichtig, weil jedem im ersten Durchgang meistens nur einige wenige Aspekte einfallen. Manchmal braucht es bis zu zehn solcher Durchgänge, um alle Facetten zu erkennen.

Fallbeispiel

Mit der Wunderfrage kam Herr G. zu folgenden Erkenntnissen:

- ▨ *Er würde bei seiner nächsten guten Idee sitzen bleiben und sich darüber freuen, dass er sie hatte.*
- ▨ *Er würde sich sagen: Von der Idee bis zur Realisierung braucht es seine Zeit. Rom ist auch nicht an einem Tag erbaut worden. Ich möchte zwar am liebsten gleich „lospowern", doch ich löse mich erst einmal von meinem ersten Begeisterungssturm, indem ich die Idee notiere oder mit dem Diktiergerät festhalte. Dann schlafe ich eine Nacht darüber, weil ich weiß, dass ich oft die anfänglich guten Ideen später gar nicht mehr so gut finde, aber dann schon eine Menge Energie hineingesteckt habe."*
- ▨ *Einen Tag später würde er aus dem Blickwinkel des „kritischen Kollegen", aus der Perspektive der „Machbarkeit" auf die Idee schauen und nicht nur mit seinem „Begeisterungsauge" und so die Idee bewerten, statt schon an der Umsetzung der Idee zu arbeiten.*
- ▨ *Wenn die Begeisterung für die Idee bliebe, würde er einen Plan machen, wie er die Idee umsetzen und seinem Vorgesetzten und seinen Kollegen präsentieren könnte.*

Erfahrungen oder Vorbilder Wenn Sie in dieser Form Klarheit bekommen haben, ist es als nächster Schritt wichtig, sich zu fragen, ob es schon Bereiche in Ihrem Leben gibt, wo dieses Ziel realisiert ist. Finden Sie heraus, was in diesen Zeiten so anders ist, dass Sie in der gewünschten Weise handeln. Worin liegt der Unterschied? Wenn Sie nicht auf persönliche Erfahrung zurückgreifen können, suchen Sie nach einem Vorbild: Welche Person kennen Sie, die bereits in der von Ihnen gewünschten Weise handelt, und wie macht Sie das?

Übung

„Ausnahmefrage" (vgl. Walter und Peller, S.115–116)
Nehmen Sie sich ein Blatt Papier und schreiben Sie Ihre Gedanken zu folgenden Fragen auf:

- Wann machen Sie bereits etwas von dem, was Sie wollen? Wann ist bzw. war es in Ihrem Leben schon ein bisschen so wie nach dem „Wunder"?
- Was ist dann anders? Was machen Sie anders? Denken Sie anders und wie?
- Wie werden Sie von anderen wahrgenommen, wenn Sie anders handeln?

Fallbeispiel

Als Herr G. sich diese „Ausnahmefrage" stellte, wurde ihm bewusst, dass er immer dann schon in der gewünschten Weise mit neuen Ideen umging, wenn er mit anderen gemeinsam in einem Brainstorming neue Ideen entwickelte. In diesem Zusammenhang „powerte" er deshalb nicht gleich darauf los, weil im Anschluss an das Brainstorming zunächst über „Kritik" und „Machbarkeit" diskutiert und erst zum Schluss über Umsetzungszeiträume und Verantwortlichkeiten diskutiert wurde. Er konnte sich entspannen, weil er sich nicht allein verantwortlich fühlte. Da noch andere beteiligt waren, hatte er nicht solch eine Angst, dass er das Projekt nicht schaffen würde, als es der Fall war, wenn er ganz allein verantwortlich war.

Vorstellungen realisierbar Mit den Ergebnissen aus der „Wunderfrage" und der „Ausnahmefrage" haben Sie bereits recht scharfe Vorstellungen davon, was Sie erreichen möchten, und die Gewissheit, dass es in der Regel in Ihrem Leben bereits Momente gibt, wo Sie ein „bisschen Wunder" realisieren. Mit der „Wunder- und Ausnahme-Frage" ist es Ihnen gelungen, von einer gefühlsmäßigen Unzufriedenheit zu konkreten Handlungen zu kommen. Eine gute Ergänzung und Erweiterung bilden die im folgenden Schaubild genannten Zielkriterien (vgl. S. 104):

Übung

„Zielkriterien"

Gehen Sie anhand der Zielkriterien durch, was Sie erreichen möchten. Dieser Prozess der Zielklärung ist meistens nicht im ersten Durchgang abgeschlossen. Immer wieder ergeben sich im Nachhinein, z. B. vor dem Einschlafen oder beim Autofahren, noch weitere Gedanken.

Viel wichtiger ist die Tatsache, dass Sie sich intensiv mit Ihrer Zielvision beschäftigen und dass sich vor Ihrem geistigen Auge und Ohr so klar und deutlich wie in einem Videofilm darstellt, wie Ihr Leben in der gewünschten Weise aussieht.

Irgendwann bekommen Sie ein Gefühl von „Jetzt ist das Ziel rund und stimmig". Das ist Ihr ganz persönlicher Maßstab. Für andere muss das Ziel noch lange nicht so optimal erscheinen.

Mit dem Prozess der Zielklärung haben Sie den ersten und wichtigsten Schritt getan, um sich auf den Weg zu machen. Dieser Prozess kommt in der Regel zu kurz. Wenn Sie also schnell mit der Zielklärung fertig werden wollen, erinnern Sie sich an einen Satz, den Mark Twain einmal gesagt haben soll: „Nachdem wir das Ziel endgültig aus den Augen verloren hatten, verdoppelten wir unsere Anstrengungen."

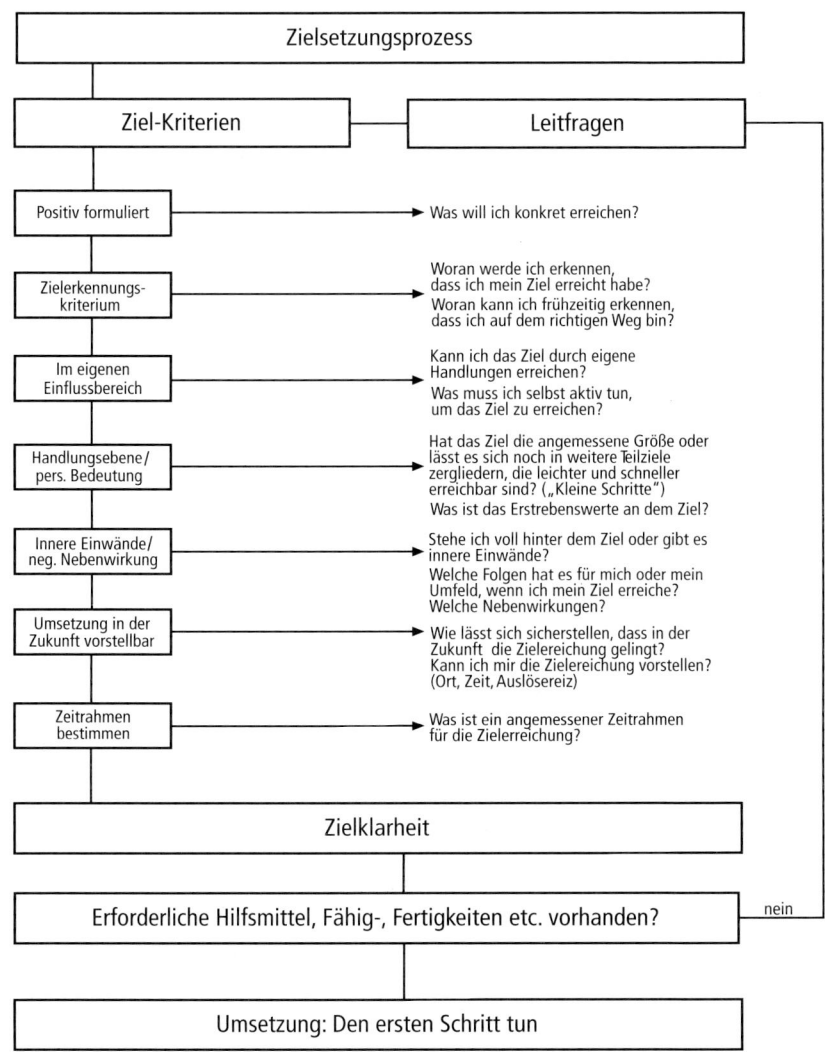

Abb. 9: Zielkriterien

Fallbeispiel

*Im Beispiel von Herrn G. ergaben sich im Prozess der Ziel-
klärung folgende Schritte:*

*Durch die „Wunder- und Ausnahmefrage" hatte er bereits
ein klares und positives Ziel (siehe Fallbeispiele auf S. 101
und 102) vor Augen. Dass er auf dem Weg zum Ziel sein
würde, würde er daran erkennen können, dass er innerlich
einen Gedankenstopp vollzöge, bevor er nach einer guten
Idee sofort mit der Arbeit begänne. Durch diesen Stopp
käme ihm sein Vorsatz in Erinnerung. Dieses Ziel zu erreichen lag in seinem eigenen Einflussbereich. Die Schritte zum
Ziel erscheinen ihm angemessen groß. Der ersehnte Zustand
des Wohlbefindens macht das Ziel für ihn sehr erstrebens-
wert.*

*Gegen dieses Ziel spricht nichts, weil Herr G. aus Erfahrung
weiß, dass er in Momenten, wo er so bereits agiert, seine
Ideen noch viel besser realisieren kann und keine Sorge zu
haben braucht, dass er an der Umsetzung scheitert.*

*Um an seinen Vorsatz zu denken, will er sich als Erinne-
rungshilfe ein Bild der „Mickeymaus" an seinen PC heften,
weil er gelesen hat, dass deren Erfinder Walt Disney in genau
dieser Weise gearbeitet hat und damit bekanntlich viel Erfolg
hatte. Als Zeitrahmen will er sich ein halbes Jahr setzen.*

Entwicklungsskala – Wo stehen Sie heute?

Je nach Ziel ist der Prozess zur Erreichung der Ziele un-
terschiedlich lang. Damit Sie eine Orientierung bekommen, wo sie heute stehen und was dazu beiträgt, hilft ihnen die Entwicklungsskala (siehe Abb. 10, S. 106). Grund-
idee der Skala ist, dem derzeitigen Zustand eine Wertung
zuzuordnen: 1 bedeutet „schlechtester Zustand", 10 ist der
angestrebte Zielzustand, den Sie durch die „Wunderfrage"
gefunden haben. Insgesamt handelt es sich um eine ganz
subjektive Skala. Das heißt. Was für den einen den Wert 5
hat, bewertet ein anderer vielleicht nur mit 2. Die Skala
hilft Ihnen dabei, in kleinen Schritten zu denken und zu
handeln.

Zustand werten

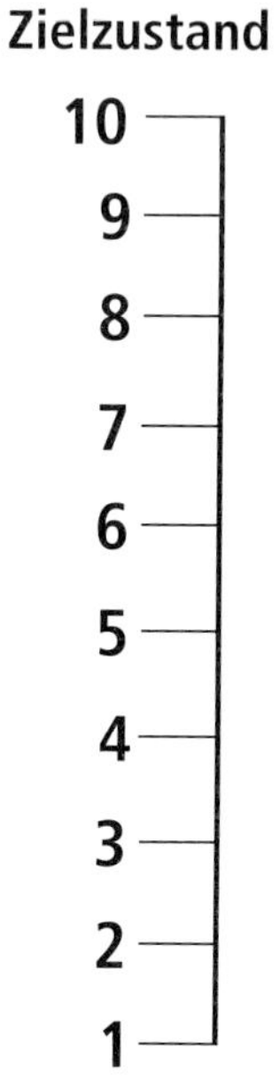

Zielzustand

10 ┐
9 ─
8 ─
7 ─
6 ─
5 ─
4 ─
3 ─
2 ─
1 ┘

Abb. 10: Entwicklungsskala

Übung

Entwicklungsskala

1. Zeichnen Sie die Skala auf. Schätzen Sie für sich ein, welcher Zahlenwert Ihrem derzeitigen Befinden angemessen ist. Vermerken Sie in der Skala „Heute, Datum".
2. Beantworten Sie im nächsten Schritt die Frage: Was trägt dazu bei, dass Sie sich heute der Zahl ... zuordnen. Was Ihnen dazu einfällt, schreiben Sie neben die Skala.
3. Beantworten Sie dann die Frage: Was müsste passieren, damit Sie eine Stufe höher – z. B. von 2 auf 3 – kommen? Was ist dann anders? Berücksichtigen Sie dazu Ihre Erkenntnisse aus der Übung „Ausnahmefrage" und „Zielkriterien".

   Wenn Sie wissen, was Sie auf der Skala eine Stufe höher bringt, beantworten Sie für sich die Frage: Was müsste in den nächsten fünf bis zehn Tagen passieren, um sich ein klein wenig in diese Richtung zu bewegen? Je kurzfristiger Teilziele sind, um so leichter ist die Umsetzung.

4. Gehen Sie dann in der Skala noch weitere Einheiten nach oben, indem Sie die Frage beantworten: Was sind Anzeichen, dass es weiter in Richtung „Wunder" geht? So bekommen Sie eine feine Übersicht Ihrer persönlichen Entwicklungsschritte.

Fallbeispiel

Das folgende Schaubild zeigt Ihnen die ausgefüllte Entwicklungsskala von Herrn G.

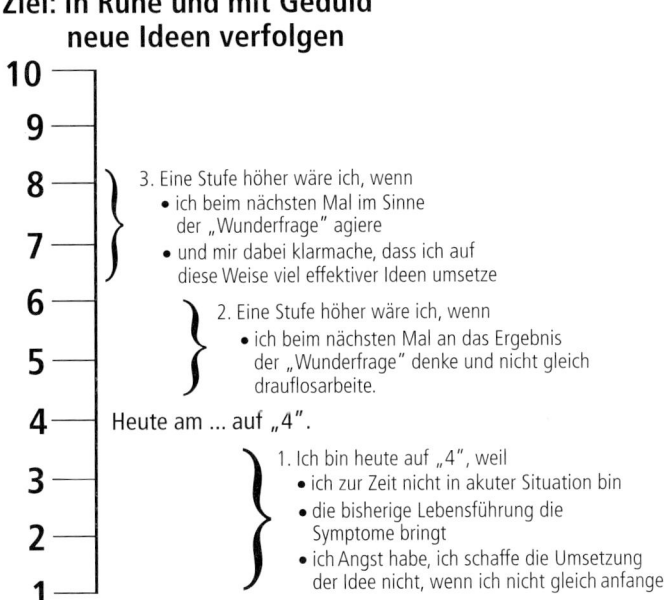

Ziel: In Ruhe und mit Geduld neue Ideen verfolgen

10
9
8 — 3. Eine Stufe höher wäre ich, wenn
  • ich beim nächsten Mal im Sinne der „Wunderfrage" agiere
7 — • und mir dabei klarmache, dass ich auf diese Weise viel effektiver Ideen umsetze
6 — 2. Eine Stufe höher wäre ich, wenn
  • ich beim nächsten Mal an das Ergebnis der „Wunderfrage" denke und nicht gleich
5 — drauflosarbeite.
4 — Heute am ... auf „4".
3 — 1. Ich bin heute auf „4", weil
  • ich zur Zeit nicht in akuter Situation bin
  • die bisherige Lebensführung die Symptome bringt
2 — • ich Angst habe, ich schaffe die Umsetzung der Idee nicht, wenn ich nicht gleich anfange
1

Abb. 11: Entwicklungsskala von Herrn G.

Damit Ihnen diese Entwicklungsskala den maximalen Gewinn gibt, empfehlen wir, sie in bestimmten Zeitabständen wieder vorzunehmen, sich das Notierte noch einmal durchzulesen und eine aktuelle Einschätzung vorzunehmen. So bleiben Sie am Ball.

Übung wiederholen

Ihre nächsten Schritte

Raum und Zeit zum Ausprobieren Nun beginnt die Zeit, wo Sie das, was Sie ausgearbeitet haben, praktisch in die Tat umsetzen. Nehmen Sie die Ideen auf und probieren Sie sie aus. Lassen Sie sich Raum und Zeit zum Ausprobieren. Gehen Sie davon aus, dass es auch immer einmal wieder den einen oder anderen Rückschlag oder auch Zielkorrekturen gibt. Das gehört dazu.

Reflektieren Wichtig ist nur, dass Sie immer wieder über Ihre Aktivitäten reflektieren und sich ein „Treffen" mit sich selbst gönnen, um eine Standortbestimmung vorzunehmen. Fragen Sie sich: „Wie viel Zeit gebe ich mir, um das Erarbeitete auszuprobieren?" Tragen Sie dann am besten im Terminkalender ein, wann Sie über das Erreichte ganz bewusst nachdenken wollen.

Beobachter einbeziehen Zum Abschluss noch ein Tipp: Fragen Sie ab und an Personen, die Ihnen nahe stehen, die Sie gut kennen und aus dem Blickwinkel des Beobachters einen guten Überblick haben, ob Sie etwas in Ihrem Verhalten bzw. Ihrer Lebensführung verändert haben. Ihre Bekannten werden Ihnen unschätzbare Rückmeldungen geben, die Ihnen zeigen, dass Sie mit Ihren Bemühungen Erfolg haben. Denn – wie schon erwähnt – Sie werden sich häufig weiterentwickeln, ohne es selbst zu bemerken. Sie haben sich zwar in die gewünschte Richtung verändert, aber alles kommt Ihnen noch so vor wie früher.

Aktivitätenliste

1. Schreiben Sie auf, welche konkreten Burnout-Symptome Sie plagen. Wie lange geht es schon so? Wie haben sich die Symptome entwickelt? Lässt sich ein Zeitpunkt datieren, an dem alles begann? Sind die Symptome stets die gleichen oder wie haben sie sich im Laufe der Zeit verändert?

---

2. Schreiben Sie auf, weshalb Sie jetzt an dem Punkt sind, wirklich etwas verändern zu wollen, dafür Zeit und Arbeit in Kauf nehmen und sich vielleicht von lieb gewonnenen Gewohnheiten verabschieden möchten.

---

3. Stellen Sie sich vor, Sie könnten mit einem „Fingerschnippen" ein Wunder vollbringen. Wie sieht Ihr Leben aus, wenn Ihre Burnout-Symptome der Vergangenheit angehören. Schreiben Sie Ihre Vorstellungen auf:

---

4. Schreiben Sie auf, in welchen Phasen Ihres Leben Sie schon ein wenig von diesem „Wunder-Zustand" hatten. Notieren Sie auch, was anders war und was Sie daraus lernen können:

_____

_____

_____

_____

5. Wenn Sie anhand der „Zielkritieren" Ihr Entwicklungsziel verfeinern – welche Handlungsschritte ergeben sich daraus, um die Ursachen Ihres Burnout zu überwinden? Notieren Sie diese Schritte:

_____

_____

_____

_____

6. Markieren Sie auf Ihrer Entwicklungsskala, wo Sie heute stehen. Nach der Vorarbeit wissen Sie, welche Schritte zu tun sind, um sich auf Ihr Ziel hin zu bewegen. Schreiben Sie auf, wann Sie das nächste Mal die Skala hervornehmen werden, um über Ihren Entwicklungsprozess nachzudenken.

_____

_____

_____

_____

7. Schreiben Sie hier die Person bzw. die Personen auf, die als Ihre Beobachter beurteilen können, inwiefern Sie sich in Ihrer Lebensführung verändert haben. Notieren Sie, in welcher Weise Sie diese Rückmeldungen in Ihren Entwicklungsprozess einbauen möchten. Wann z. B. sollen sie Ihnen eine Rückmeldung geben?

---

8. Stellen Sie sich in Gedanken vor, wann Sie Ihre nächsten aktiven Schritte in der näheren Zukunft unternehmen werden. Schreiben Sie die konkrete Situation und den Zeitpunkt auf, wann Sie sich in neuer und gewünschter Weise verhalten werden.

Schlusswort

Wir hoffen, dass Sie mit diesem Buch viele praktische Anregungen für Ihren Alltag bekommen haben.

Rückmeldung erwünscht: Wir bitten Sie, uns Ihre Erfahrungen mit dem Buch und der Umsetzung der Inhalte mitzuteilen. Gerne nehmen wir Ihre Anregungen zur Verbesserung auf, um – von Auflage zu Auflage – den Nutzen dieses Buches für Sie weiter zu steigern.

Wenn Sie
- uns Ihre Erfahrungen mit diesem Buch mitteilen möchten,
- Fragen haben,
- Beratung, Coaching, Potenzialanalyse, Organisationsentwicklung, Moderation, Training oder Team-Supervision wünschen,

dann erreichen Sie uns unter folgender Adresse:

> Koch & Kühn Personaltraining
> Johannisstraße 74
> 49074 Osnabrück
> Tel. (05 41) 74 02 66
> Fax (05 41) 74 02 67
> E-Mail: koch@kochundkuehn.com
> Internet: http://www.kochundkuehn.com

Literaturhinweise

Allmer, Henning (1997): Erholen Sie sich richtig? In: Psychologie heute, Ausgabe Juli 1997, S. 22–26.

Asgodom, Sabine (1992): Balancing. Beruf und Privatleben im Gleichgewicht. Düsseldorf und Wien: Econ Taschenbuch Verlag GmbH.

Breitenstein, Rolf (1990): Wenn Männer zu viel arbeiten. Rausch, Ritual, Ruin. München: Wirtschaftsverlag Langen – Müller.

Burisch, Matthias (1989): Das Burnout-Syndrom. Theorie der inneren Erschöpfung. Berlin, Heidelberg, New York, London, Paris, Tokyo, Hongkong: Springer-Verlag.

Enger, Harald / Witte, Heinz-Gerhard (1996): Der Zusammenhang zwischen Entwicklungs- und Arbeitspsychologie am Beispiel des Burnout-Syndroms in der Krankenpflege. Diplomarbeit Universität Osnabrück.

Enzmann, Dirk / Kleiber, Dieter (1989): Helfer-Leiden. Stress und Burnout in psychosozialen Berufen. Heidelberg: Roland Asanger Verlag.

Freudenberger, Herbert / North, Gail (1992): Burnout bei Frauen. Über das Gefühl des Ausgebranntseins. Frankfurt am Main: Wolfgang Krüger Verlag.

Fries, Gerhard (1993): Der erleuchtete Biocomputer. NLP-Betriebshandbuch Basis. Paderborn: Junfermann Verlag, S. 128–134.

Goldhor-Lerner, Harriet (1993): Wohin mit meiner Wut? Neue Beziehungsmuster für Frauen. Frankfurt am Main: Fischer Taschenbuch Verlag.

Grinder, John / Bandler, Richard (1995): Therapie in Trance. Hypnose: Kommunikation mit dem Unbewussten. Paderborn: Junfermann Verlag.

Hoffman, Bernt (1995): Handbuch des autogenen Trainings. Grundlagen, Technik, Anwendung. 11. Auflage München: Deutscher Taschenbuch Verlag.

Höhn, Reinhard (1983): Die innere Kündigung im Unternehmen. Ursache, Folge, Gegenmaßnahmen. Bad Harzburg: Verlag für Wissenschaft, Wirtschaft und Technik GmbH.

Huber, Andreas (1995): Stressmanagement. Auf der Suche nach einer neuen Entspannungskur. In: Psychologie heute, Ausgabe Oktober 1995, S. 20–28.

Koch, Axel (1998): Burnout im Call Center. Wie Mitarbeiter garantiert frustriert werden können. In: TeleTalk. Magazin für professionelle Telekommunikation. Ausgabe 10/1998, S. 50–52. Hannover: Telepublic Verlag.

Middendorf, Beate / Hildebrandt, Kay (2000): Investition in die Zukunft. Wieviel geben deutsche Call Center-Betreiber für Ihr Personal aus. In: Teletalk. Magazin für Telekommunikation & Call Center Management. Ausgabe 1/2000, S. 52–53. Hannover: Telepublic Verlag.

Nitsch, Jürgen (1981): Stress. Theorien, Untersuchungen, Maßnahmen. Bern, Stuttgart, Wien: Verlag Hans Huber.

O'Connor, Joseph / Seymour, John (1994): Neurolinguistisches Programmieren: Gelungene Kommunikation und persönliche Entfaltung. 4. Auflage Frciburg im Breisgau. VAK Verlag für Angewandte Kinesiologie GmbH.

Pines, Ayala M. / Aronson, Elliot / Kafry, Ditsa (1990): Ausgebrannt. Vom Überdruß zur Selbstentfaltung. 5. Auflage Stuttgart: Ernst Klett Verlag.

Schmidbauer, Wolfgang (1977): Die hilflosen Helfer. Über die seelische Problematik der helfenden Berufe. Reinbek: Rowohlt Verlag.

Schwäbisch, Lutz / Siems, Martin (1992): Anleitung zum sozialen Lernen für Paare, Gruppen und Erzieher. Kommunikations- und Verhaltenstraining. Reinbek: Rowohlt Taschenbuch Verlag.

Seligman, M. E. P. (1979): Erlernte Hilflosigkeit. München: Urban & Schwarzenberg (Original 1975).

Sprenger, Reinhard K. (1997): Die Entscheidung liegt bei Dir. Wege aus der alltäglichen Unzufriedenheit. Frankfurt am Main, New York: Campus Verlag.

Thorwest, Julia (1993): Arbeitsunterbrechungen und Zeitmanagement. Diplomarbeit Universität Osnabrück.

Walter, John L. / Peller, Jane E. (1996): Lösungsorientierte Kurzzeittherapie. Ein Lehr- und Lernbuch. Band 9: Systemische Studien. 3. Auflage Dortmund: Verlag modernes Lernen.

Stichwortverzeichnis

Abwehr 20
Adrenalin 34
Aggression 16
Anerkennung 37, 62
Anspruch 16
Anspruchsniveau 65
Anstrengung 62, 67 ff.
Aufputschmittel 20
Aufwand 65
Ausnahmefrage 102
Ausspannen 59
Auszeit 60
Autogenes Training 35

Balance 32, 92
Balancing 24
Bedürfnis 43 f.
Belastung 54, 59
Belohnung 63
Beobachter 108
Bestätigung 38
Bewältigungsformen 72
Bewältigungsstrategie 68 f.

Call Center 10, 50 ff., 54, 59

Depression 16
Distanz 57
Distanzierte Anteilnahme 55
Distanzierung 33, 77

Einstellung 16, 22, 28 ff., 41, 45, 57, 92

Emotion 42
Energieverlust 49
Engagement 16, 18
Entwicklungsskala 105 f.
Erfahrung 53
Erfahrungsaustausch 54
Erfolg 62, 67
Erholung 32, 36
Erholungseffekt 32
Erlernte Hilflosigkeit 64, 77
Erschöpfung 11ff., 16
Erwartung 23, 51, 85

Fluchtgedanken 68
Fluktuationsrate 17, 51
Führungskraft 61

Gefühl 41ff.
Gesundheit 32
Gleichgewicht 24 f.

Helfende und soziale Berufe 10, 49, 79
Helferpersönlichkeit 37
Helfer-Syndrom 37
Herausforderung 51
Hierarchie 81
Hilflosigkeit 65, 68

Ich-Botschaft 44

Jasager 74

Konzentrationsschwäche 50
Kreativität 17
Langzeitstress 11, 14
Leistungsfähigkeit 17, 32, 62, 86
Logische Ebenen 95

Machtstruktur 81
Maßstäbe 46
Meidung 77
Mischtätigkeit 60
Misserfolg 41, 64, 72
Motivation 17, 51, 80, 86
Motivationsverlust 11

Organisationsstruktur 77
Orientierung 36

Persönlichkeit 94
Prozess 15, 28
Psychosomatische Krankheit 37
Psychosomatische Reaktion 17
Regeneration 34
Rolle 85
Rollenanalyse 86
Rollenerwartungen 87
Rollenklärung 85, 86
Rollenkonflikt 78
Rollenproblem 81
Rollenspiel 71
Rollenstruktur 83, 85
Rollenunsicherheit 79
Rückmeldung 80, 108
Rückzug 16, 68, 77

Sabattjahr 60
Schuldzuweisung 16
Selbstschutz 56
Selbstschutzstrategie 87
Standortbestimmung 108
Stress 14, 34, 60, 77, 83
Stressbewältigung 77
Stresserkrankungen 14
Stresssignale 19
Symptomausbreitung 94
Symptomverlagerung 94

Teamarbeit 83

Überdrusssignale 19
Unterdrückung 42
Unterstützungssystem 73
Urlaub 15

Vermeidungsstrategie 96
Verzweiflung 17

Wahrnehmung 17
Warnsignal 25, 61
Wert 22, 92
Wohlbefinden 32
Wunderfrage 100, 102, 105

Ziel 65, 67 f., 83, 92
Zielerreichung 70
Zielerschwerung 63
Zielkriterien 103 f.
Zielstörungen 66, 71
Zielvereitelung 63
Zielvision 100
Zurückhaltung 57

 **Business-Bücher für Erfolg und Karriere**

Gesellschaft zur Förderung **A**nwendungsorientierter **B**etriebswirtschaft und **A**ktiver **L**ehrmethoden in Hochschule und Praxis e.V.

Bundesgeschäftsstelle
Budenheimer Weg 67
D-55262 Mainz
Tel.: 06132.509-590, Fax -599
eMail: gabalev@t-online.de
Internet: www.gabal.de

Wer wir sind...
1976 gründeten Praktiker aus Wirtschaft und Hochschule die gemeinnützige GABAL e.V.

Unsere Mitglieder vereint das Interesse und die Arbeit an ihrem persönlichen Wachstum und am Lernen ihrer Organisationen.

Unser Leitbild...
GABAL steht für lebenslanges Lernen und permanente Innovationsbereitschaft. In unserem zukunftsgerichteten Wirken verbinden wir Menschlichkeit mit zielorientiertem Arbeiten.

Was wir Ihnen bieten...
- Attraktive regionale und überregionale Veranstaltungen mit Kontakten zu Menschen, die das GABAL-Netzwerk zur eigenen Weiterentwicklung nutzen
- Aktive Mitarbeit in Projekten, Arbeitskreisen und Regionalgruppen
- Kooperationen mit Hochschulen, Weiterbildungsorganisationen und dem GABAL-Verlag
- Kostenloses Abonnement der Zeitschrift Wirtschaft & Weiterbildung sowie der Mitgliederzeitschrift Impulse.
- Sonderkonditionen beim GABAL- und Jünger Verlag.

--✂ *oder kopieren* ----------

Infoscheck

Ja, ich will GABAL näher kennen lernen und erwarte Infomaterial

GABAL e.V.   per Telefax:
Bundesgeschäftsstelle   06132.509 599
Budenheimer Weg 67

55262 Heidesheim

....
Name   Vorname

....
Straße   PLZ/Ort

....
Telefon/Telefax   eMail